O QUE >> TE IMPEDE?

TIAGO VAILATI

Fundador da Hiper | Startup adquirida pela **Linx** (Stone)

O QUE TE IMPEDE?

Desperte o EMPREENDEDOR que há dentro de você, seja um LÍDER INSPIRADOR e FAÇA ACONTECER

ALTA BOOKS
GRUPO EDITORIAL
Rio de Janeiro, 2023

O Que Te Impede?

Copyright © 2023 da Starlin Alta Editora e Consultoria Eireli.
ISBN: 978-85-508-1912-9

Impresso no Brasil — 1ª Edição, 2023 — Edição revisada conforme o Acordo Ortográfico da Língua Portuguesa de 2009.

Todos os direitos estão reservados e protegidos por Lei. Nenhuma parte deste livro, sem autorização prévia por escrito da editora, poderá ser reproduzida ou transmitida. A violação dos Direitos Autorais é crime estabelecido na Lei nº 9.610/98 e com punição de acordo com o artigo 184 do Código Penal.

A editora não se responsabiliza pelo conteúdo da obra, formulada exclusivamente pelo(s) autor(es).

Marcas Registradas: Todos os termos mencionados e reconhecidos como Marca Registrada e/ou Comercial são de responsabilidade de seus proprietários. A editora informa não estar associada a nenhum produto e/ou fornecedor apresentado no livro.

Erratas e arquivos de apoio: No site da editora relatamos, com a devida correção, qualquer erro encontrado em nossos livros, bem como disponibilizamos arquivos de apoio se aplicáveis à obra em questão.

Acesse o site **www.altabooks.com.br** e procure pelo título do livro desejado para ter acesso às erratas, aos arquivos de apoio e/ou a outros conteúdos aplicáveis à obra.

Suporte Técnico: A obra é comercializada na forma em que está, sem direito a suporte técnico ou orientação pessoal/exclusiva ao leitor.

A editora não se responsabiliza pela manutenção, atualização e idioma dos sites referidos pelos autores nesta obra.

Dados Internacionais de Catalogação na Publicação (CIP) de acordo com ISBD

V128q   Vailati, Tiago
          O que te impede?: desperte o empreendedor que há dentro de você, seja um líder inspirador e faça acontecer / Tiago Vailati. - Rio de Janeiro : Alta Books, 2023.
          288 p. ; 16cm x 23cm.

          Inclui índice.
          ISBN: 978-85-508-1912-9

          1. Autoajuda. 2. Empreendedorismo. 3. Liderança. I. Título.

          CDD 158.1
2022-3767   CDU 159.947

Elaborado por Odilio Hilario Moreira Junior - CRB-8/9949

Índice para catálogo sistemático:
1. Autoajuda 158.1
2. Autoajuda 159.947

Atuaram na edição desta obra:

Produção Editorial
Grupo Editorial Alta Books

Diretor Editorial
Anderson Vieira
anderson.vieira@altabooks.com.br

Editor
José Ruggeri
j.ruggeri@altabooks.com.br

Gerência Comercial
Claudio Lima
claudio@altabooks.com.br

Gerência Marketing
Andréa Guatiello
andrea@altabooks.com.br

Coordenação Comercial
Thiago Biaggi

Coordenação de Eventos
Viviane Paiva
comercial@altabooks.com.br

Coordenação ADM/Finc.
Solange Souza

Coordenação Logística
Waldir Rodrigues

Gestão de Pessoas
Jairo Araújo

Direitos Autorais
Raquel Porto
rights@altabooks.com.br

Assistente da Obra
Ana Clara Tambasco
Erick Brandão

Produtores Editoriais
Illysabelle Trajano
Maria de Lourdes Borges
Paulo Gomes
Thales Silva
Thiê Alves

Equipe Comercial
Adenir Gomes
Ana Claudia Lima
Andrea Riccelli
Daiana Costa
Everson Sete
Kaique Luiz
Luana Santos
Maira Conceição
Nathasha Sales
Pablo Frazão

Equipe Editorial
Andreza Moraes
Beatriz de Assis
Beatriz Frohe
Betânia Santos
Brenda Rodrigues

Caroline David
Elton Manhães
Gabriela Paiva
Gabriela Nataly
Henrique Waldez
Isabella Gibara
Karolayne Alves
Kelry Oliveira
Lorrahn Candido
Luana Maura
Marcelli Ferreira
Mariana Portugal
Marlon Souza
Matheus Mello
Milena Soares
Patricia Silvestre
Viviane Corrêa
Yasmin Sayonara

Marketing Editorial
Amanda Mucci
Ana Paula Ferreira
Beatriz Martins
Ellen Nascimento
Livia Carvalho
Guilherme Nunes
Thiago Brito

Revisão Gramatical
Karina Pedron
Thamiris Leiroza

Diagramação
Joyce Matos

Capa
Marcelli Ferreira

Editora afiliada à: ASSOCIAÇÃO BRASILEIRA DE DIREITOS REPROGRÁFICOS

ASSOCIADO CBL Câmara Brasileira do Livro

ALTA BOOKS
GRUPO EDITORIAL

Rua Viúva Cláudio, 291 – Bairro Industrial do Jacaré
CEP: 20.970-031 – Rio de Janeiro (RJ)
Tels.: (21) 3278-8069 / 3278-8419
www.altabooks.com.br – altabooks@altabooks.com.br
Ouvidoria: ouvidoria@altabooks.com.br

A todas as pessoas que se propõem a sonhar, batalham com paixão e não perdem a fé.

SOBRE O AUTOR

TIAGO VAILATI nasceu e vive em Brusque (SC), formou-se em Ciência da Computação e, mais tarde, especializou-se em Gestão Estratégica Empresarial.

Em 2012, com 25 anos de idade, fundou com outros dois sócios a startup Hiper que hoje atende mais de 22 mil lojas em 2 mil cidades no Brasil. Em 2019, a Hiper foi adquirida pela Linx (empresa que hoje faz parte do grupo Stone) e manteve-se à frente da companhia até o ano de 2022, liderando a empresa na fase pós-venda.

Antes de empreender, iniciou sua vida profissional como estagiário numa grande rede de varejo onde fez carreira, tendo vivido o varejo sob os mais diversos pontos de vista, do dia a dia na operação à tecnologia, que desde cedo tem sido uma de suas paixões e, sempre que pode, mata a saudade de programar.

Pratica corrida semanalmente e tem se desafiado a participar de algumas competições. Ao longo da vida, aprendeu a amar a escrita, que acabou resultando neste livro, o primeiro de sua autoria.

O QUE TE IMPEDE?

É casado há 7 anos com a Bruna e pai de um garotinho lindo de dois anos, o Theo. Enxerga na família a maior realização da sua vida, algo a ser edificado para sempre.

Além de empreendedor, é investidor, mentor e conselheiro em diferentes tipos de negócios.

DEDICATÓRIA

A grande parceria de todo empreendedor deve estar dentro de casa. É em casa que você vibra e chora de verdade e é ali que você precisa encontrar seu refúgio. Se você é cônjuge, familiar ou convive com um empreendedor, tenha em mente a sua importância no percurso até o tão desejado sucesso. Jamais deixe de estender a mão.

Eu dedico muitas das minhas conquistas de vida à Bruna, minha esposa. Obrigado por completar a minha vida com palavras, gestos e atitudes. Quando comecei a escrever este livro, éramos eu e você. Após o nascimento do Theo, tornamo-nos ainda mais completos e entendemos que o amor pode ser maior a cada novo dia. Dos muitos dias especiais que vivi, vocês são parte fundamental.

Na base de tudo, meu pai, mãe e meus irmãos, por sempre terem feito parte da minha formação. Seu Pedro (*in memoriam*) e Dona Irene, mesmo sendo de uma geração mais distante, devido à nossa diferença de idade, vocês sempre estiveram presentes, transmitindo valores nobres e batalhando para me guiar no caminho do bem. Eu encontrei meu propósito e sou quem sou por causa de vocês. Meu amor é eterno.

Ao Marinho e Fischer (Marcos), os grandes parceiros de jornada, que suportaram como verdadeiros empreendedores todos os desafios que enfrentamos juntos, além das minhas loucuras de sempre, das quais ainda não me curei. Vocês foram grandes irmãos para mim, amo vocês.

Sem especificar nomes, para evitar cometer a indelicadeza de esquecer de alguém, não posso deixar de manifestar minha gratidão às pessoas que fizeram parte da minha história e da Hiper. Um salve àqueles que passaram pela nossa tribo, mentores, investidores e, com a mesma relevância, incluo todos que me disseram que não seria possível, sem vocês eu jamais teria me tornado o que me tornei.

Aos que colocaram um simples tijolo na obra até os que edificaram muitos pavimentos, sintam-se todos abraçados!

SUMÁRIO

Por que você deveria ler este livro? — 1

Princípio 1: Busque o bem-feito antes do perfeito — 5
    Algumas mesas podem mudar o mundo — 8
    Começar é difícil mesmo — 15
    Use o não como você usa o sim — 18
    Desvie do canto da sereia — 23
    A cadeira do líder — 25
    Dinheiro que gera dinheiro — 29
    Enxergando terra firme — 37

Princípio 2: Faça da reputação a sua marca pessoal — 43
    Antes de liderar, aprenda a servir — 45
    Seja justo e tenha alma — 48
    Seja transparente e legítimo — 50
    Pavão hoje, espanador amanhã — 59

Princípio 3: Tenha a cultura como seu ingrediente secreto — 65
    Cultura não é pufe e videogame — 69
    Do que você não abre mão? — 70
    Todos dançando ao redor da mesma fogueira — 77
    Plante a semente em cada pessoa — 84
    Cultura comanda nas horas difíceis — 88
    De repente, de qualquer lugar — 92

Princípio 4: Gente boa anda com gente boa — 97
    Humanos são mais do que recursos — 101
    Conhecimento, integridade e sangue no olho — 104

O QUE TE IMPEDE?

O que você aprendeu com a sua família?	109
Conserte logo as janelas quebradas	111

Princípio 5: Monte um time de missionários — 119

Um acervo de perguntas para chamar de seu	125
Fuja da guerra de talentos	130
Tenha sócios: empreender é um jogo de time	132
Como escolher os sócios	135
Indivíduos S/A	140
Recrute protagonistas e gere missionários	144

Princípio 6: Seja uma bússola, não um GPS — 153

Máximo possível versus mínimo necessário	155
Estruture as metas com sabedoria	159
Deixe a gestão à vista	168
O que vamos comemorar juntos?	173
Tenha um (único) objetivo maior	179

Princípio 7: Lidere sem fazer sombra — 189

Tenha um framework de gestão	192
Como gerenciar bem o seu tempo, delegar sem receio e ser mais produtivo	201
Centralize o necessário: o método da linha d'água	211
Mantenha a estrutura de gestão simples e enxuta	215
Siga seu coração	218
Não esqueça de cuidar de você	221

Princípio 8: Jamais aceite que esteja bom o suficiente — 227

Ninguém vence quem não desiste	230
Seu ponto forte será seu ponto fraco	235
Não deixe esqueletos no armário	237
Ninguém deve nada aos normais	241

O que te impede? — 245

Todo mundo tem uma história	251
Ser rico ou ser rei?	253
Quanto mais alta a montanha, melhor a vista	263

Índice — 269

POR QUE VOCÊ DEVERIA LER ESTE LIVRO?

Sabe o que eu diria para mim mesmo, em meados de 2012, antes de mergulhar de cabeça na criação da minha primeira empresa? Arrume uns trocados e vá tomar um café com outros empreendedores que já fizeram coisas relevantes.

A melhor maneira de cometer menos erros é aprendendo com quem já passou pelo caminho que você quer trilhar. Um dos maiores legados que vou levar para toda a vida são as conexões que foram criadas com pessoas brilhantes ao longo da jornada.

Eu tive o privilégio de conhecer e ouvir ensinamentos de pessoas geniais, muitas das quais sempre cultivei grande admiração, mas que nunca havia passado pela minha mente ter a singela possibilidade de, ao menos, apertar-lhes a mão.

Bons mentores são aqueles que estão há algumas milhas na sua frente, já quebraram muitas pedras pelo caminho, venceram muitas batalhas e acumularam bons aprendizados através de seus fracassos. Um bom mentor é o que eu espero me tornar para você durante o convívio que vamos estabelecer a partir da leitura deste livro.

Meu objetivo é compartilhar com você a minha visão sobre os principais desafios que um empreendedor enfrenta durante o desenvolvimento do seu negócio, a partir da experiência adquirida nas trincheiras, criando um negócio que conquistou clientes em mais de 2 mil cidades do Brasil, num mercado superpulverizado, onde, até então, ninguém consolidou a liderança.

Muito se fala sobre como tirar a ideia do papel, fazer a primeira versão do produto, validar a oferta e começar a conquistar os primeiros clientes. Bem, eis que o negócio começa a dar certo. E aí, como estruturar a empresa para crescer? Como se tornar o líder que as pessoas esperam? Como manter a essência e alma do negócio diante de todos os desafios que virão com o crescimento?

Sempre fui muito ativo no ecossistema empreendedor. Já fui mentor de muitos empreendedores e identifiquei alguns padrões nos desafios, as fases e os momentos críticos que fazem parte da trajetória dos negócios de grande impacto e alto crescimento.

Vamos navegar juntos por oito princípios para que você esteja bem-preparado para a criação de uma cultura forte, a formação de um time que faz acontecer e para ser o líder que guia e inspira as pessoas, com garra para construir um negócio que cresça acima da média e gere impacto.

Vou trazer muitos insights, metodologias e pontos de vista que fizeram parte da minha jornada empreendedora na Hiper, empresa que fundei em Brusque (SC), cidade com pouco mais de 130 mil habitantes, e hoje está presente em todo o Brasil, tendo impactado a vida de dezenas de milhares de lojistas na gestão dos seus negócios e na busca pelo tão sonhado sucesso.

Por que você deveria ler este livro?

No fechamento do livro, trago uma passagem por temas ligados ao *mindset* do empreendedor e a importância de pensar grande, empreender com o intuito de causar impacto positivo, transformar e deixar um legado. Nessa parte vou abordar, também, um assunto ainda pouco discutido hoje em dia que é a venda de uma empresa e como você deveria encarar esse assunto, compartilhando o caso da Hiper, um belo exemplo de como manter o sonho vivo e continuar gerando valor após a venda.

Não tenho como objetivo principal abordar a minha história ou da Hiper, mas grande parte do que você vai aprender está fundamentada em exemplos daquilo que eu vivi de fato à frente dos negócios e nos caminhos que passei durante a jornada de praticamente uma década, além de muitas lições que vieram da minha vida pré-Hiper, o que traz a legitimidade de quem lidou com altos e baixos e fez acontecer, e não apenas alguém que estudou a respeito.

Se eu consegui, você também pode. Afinal, o que te impede?

Não caia na armadilha de esperar o produto perfeito para vender. Vender nunca será um problema para o negócio, deixar de vender, sim.

@TIAGO.VAILATI

PRINCÍPIO 1
BUSQUE O BEM-FEITO ANTES DO PERFEITO

Em certos momentos, quando a maioria tende a olhar com certo pessimismo para o copo meio vazio, eu gosto de argumentar que, para quem não tem nada, conquistar qualquer coisa já é mais que o dobro. Brincadeiras à parte, no fundo, isso faz um certo sentido.

Se você quer construir algo, dar o primeiro passo é fundamental. Comece com o que você tem, nas condições em que você se encontra. Ajuste as imperfeições no trajeto e, quando você se deparar com a realidade, verá que já conseguiu algum avanço e que, para chegar até ali, não precisou de tudo aquilo que considerava necessário.

Não existe a hora certa para começar, não espere pelo momento ideal. Se você insistir em encontrar o momento certo, talvez nunca comece. Meta o pé e vá corrigindo as coisas no caminho. Começar a se mover para tirar seu sonho do papel é melhor do que ficar sonhando com o dia em que vai dispor das melhores condições para tal.

O QUE TE IMPEDE?

Quando começamos a Hiper, eu e os meus sócios não nos preocupamos em investir em um escritório, infraestrutura ou equipamentos. Usamos tudo o que estava à nossa disposição e começamos a trilhar nosso caminho.

Nós ocupávamos um cômodo da casa dos meus pais, com os computadores que possuíamos e nas condições pessoais da época. Como ainda trabalhávamos nos nossos empregos, dedicávamos nossas noites para pensar sobre a empresa. E foi assim que demos nossos primeiros passos.

Da mesma forma que começar é melhor do que se limitar a ficar apenas sonhando, é preciso equilibrar a dose entre o bem-feito e o perfeito. O "bem-feito" tem ligação direta com os primeiros objetivos, onde você começa a gerar os primeiros resultados, sem se apegar ao estado da arte. Você terá muito tempo para chegar à perfeição depois que as coisas começarem a fluir.

Comece definindo o que você enxerga como os primeiros resultados. Apegue-se em obter os sinais que permitam a você concluir que o negócio começou a acontecer. Pense no que você entende como resultado desejado e corra atrás.

O mercado da Hiper é bastante regulado pela legislação tributária de cada estado. Portanto, antes de mais nada, era preciso submeter o nosso software para uma bateria de testes num órgão homologador determinado pelo governo do Estado. Nosso primeiro alvo era conseguir criar uma versão do nosso produto, o sistema de gestão Hiper, que atendesse a tudo o que a legislação regulatória exigia na época.

Somente após conseguir um laudo certificando que o software atendia aos requisitos da legislação, nós estaríamos autorizados a vender para o primeiro cliente.

Trabalhamos durante alguns meses para conseguir desenvolver tudo o que era preciso para atender aos tais requisitos e conseguimos a nossa aprovação. Mas não se engane em pensar que aquela primeira versão do produto estava próxima de ser perfeita.

Entretanto, a partir de então já era possível conquistar os primeiros clientes, gerar as primeiras linhas de faturamento e começar a ouvir de clientes reais o que era preciso fazer para tornar o produto melhor.

No começo, e durante todas as fases da jornada, venda o que tiver em mãos. Não caia na armadilha de esperar o produto perfeito para vender. Vender nunca será um problema para o negócio, deixar de vender, sim.

Desapegue do orgulho de querer fazer tudo na maior perfeição e permita-se ouvir algumas críticas. Isso requer uma dose de esforço para pessoas perfeccionistas como eu, mas vá por mim, você perderá menos tempo com coisas que não agregam valor.

Além disso, você estará conquistando seus primeiros clientes. Aprenda ouvindo feedbacks reais, podendo saborear o gostinho de faturar com os primeiros contratos assinados.

O QUE TE IMPEDE?

Algumas mesas podem mudar o mundo

Na data em que escrevo este texto, estamos comemorando a entrega dos resultados de um mês bastante positivo para a Hiper e, da mesma forma, superdesafiador. Talvez seja apenas fruto do destino, mas, diante do que criamos até aqui, não poderia haver momento mais inspirador para mim.

Olhando para trás, remeto-me aos primeiros dias dessa jornada, quando a Hiper ainda era uma ideia a ser tirada do papel. Naquele tempo, eu e meus grandes amigos, Marcos e Marinho, reuníamo-nos todas as noites numa pequena sala da casa dos meus pais, onde fundamos a Hiper, trabalhando numa mesa antiga que durante anos, na minha infância, serviu como a mesa da cozinha da nossa família.

A memória afetiva daquela mesa é enorme. Facilmente me emociono quando falo dela ao contar a história da Hiper. Foi onde tudo começou.

No oitavo aniversário da Hiper, nosso time fez uma surpresa para os fundadores. Entregaram um pequeno quadro com o desenho daquela mesa e, junto da imagem, a seguinte frase:

> ❝ *Algumas mesas podem mudar o mundo, foi numa delas que a Hiper começou.*❞

Busque o bem-feito antes do perfeito

Aquela mesa virou um símbolo marcante para nós. Em alguns momentos da nossa trajetória, em que nos deparamos com algum desafio de maior intensidade, convidava o nosso time para se remeterem mentalmente àquela mesa onde a Hiper começou e considerarem que estamos todos juntos lá, sentados em torno dela. A mensagem carrega o sentimento de que precisamos nos unir e fazer nosso melhor para atravessar o desafio à nossa frente, assim como foi feito no princípio de tudo.

Algo forte que nos movia naquela época era um grande sonho de empreender, fazer algo que pudesse preencher nossas vidas e que viesse a se tornar digno de orgulho para aqueles que estivessem do nosso lado.

Estávamos na época de desenvolver a primeira versão do produto, um software para gestão de lojas de varejo, focado em empresas de pequeno porte, um público até então muito carente de soluções.

Deixamos de lado nossos empregos e encaramos com toda intensidade o nosso sonho grande. É exatamente nessas horas que você se depara com apoiadores e, também, com aqueles que enxergam inúmeras razões pelas quais aquilo não dará certo.

Eu e meus dois sócios ocupávamos uma posição de muita responsabilidade na rede de varejo Havan, num momento em que a empresa acelerava sua expansão Brasil afora. Nós tocávamos a equipe de desenvolvimento de software, dentro da área de Tecnologia da Informação.

A Havan sempre teve uma pegada de vanguardismo no uso de sistemas para controlar o negócio e contava, na época, com um time de mais de trinta pessoas focadas no desenvolvimento de soluções customizadas para uso próprio. Todo o sistema de gestão da Havan era feito internamente por aquele time liderado por nós.

Quando decidimos que era hora de encerrar aquela jornada para dedicar 100% do nosso foco à Hiper, sabíamos do impacto que nossa ausência causaria. Pedimos uma reunião com o presidente da Havan, o Luciano Hang, muito conhecido hoje pela sua atuação na cena política.

Lembro muito bem o quão nervosos nós estávamos, apreensivos para o momento em que abriríamos para ele a notícia de que havia chegado a hora de encerrar a nossa jornada junto daquela que foi uma grande escola para nós, e que ainda mantemos um enorme carinho por tudo o que vivemos enquanto fizemos parte.

> *Vendo vocês hoje, lembro-me de mim 24 anos atrás, quando comecei."*

Essas foram as palavras do Luciano, quando contamos sobre nossos planos. Esperávamos qualquer reação por parte dele, mas confesso que algo tão carregado de incentivo foi mais do que especial.

Fizemos um pacto com ele que não deixaríamos a companhia repentinamente e combinamos um plano para preparar nossos sucessores. Em contrapartida, recebemos carta branca para poder dedicar atenção à Hiper, conciliando uma fração do tempo com as demandas da Havan. E assim foi por alguns meses, até que a passagem de bastão estivesse concluída.

📌 *É preciso acreditar, ter fé no que se deseja construir.*

Quando crianças, somos grandes sonhadores, queremos fazer coisas ousadas e não nos deixamos abater pelo tamanho do desafio, apenas queremos. E isso é muito poderoso. Ao passo que, vamos crescendo, começamos a nos deparar com fatos que vão inibindo nosso espírito sonhador e, de repente, deixamos nossos sonhos de criança para lá.

Tente lembrar de coisas que você deixou de ser, desejos abandonados e planos que ficaram para trás. Já se perguntou por quê? O que te impediu de continuar investindo nos planos feitos quando criança?

Sempre gostei de ler biografias. É muito motivador conhecer histórias de empreendedores, esportistas e outras personalidades que acabaram se tornando referências em seus mercados. Se colocarmos nossas vidas lado a lado com a dessas pessoas, corremos o risco de achar que somos menos capazes.

Compreenda que todos temos limitações e somos recheados de fraquezas. Acima de tudo, jamais deixe de acreditar no seu potencial, por trás de toda pessoa existe uma história.

O QUE TE IMPEDE?

Não podemos deixar que isso nos impeça de correr atrás dos nossos sonhos. Conhecer o que outras pessoas fizeram serve de combustível para vencer os altos e baixos que vão fazer parte da jornada do empreendedor.

Decidi empreender por inspiração, não por necessidade. Não tenho legado empreendedor na família, sou filho de trabalhadores, pessoas de grande valor, seu Pedro e dona Irene. Tenho outros quatro irmãos. Sou o filho mais novo, o temporão, com diferença de 19 anos para os gêmeos que me antecederam.

Tenho certeza de que a referência para me tornar empreendedor teve muita influência de pessoas próximas — amigos, professores, colegas de trabalho, ex-chefes, mentores, pessoas que passaram pela vida e deixaram sua contribuição — além de pessoas que nunca conheci pessoalmente, mas que, através de suas histórias, feitos e ensinamentos, influenciaram-me e tornaram-se, de alguma forma, meus heróis.

Olhando para trás, vejo que comecei a experimentar o que é empreender aos 10 anos. Lembro perfeitamente do dia em que realizei um sonho de infância, quando ganhei meu primeiro computador. Um presente dos meus pais que mudou a minha vida.

Foi então que comecei a ter contato com as primeiras linguagens de programação. Eu comprava revistas que ensinavam como desenvolver pequenos programas de computador. Aprendi por conta própria, programava os códigos e tinha meus próprios programas rodando.

Nessa mesma época, eu ganhava alguns trocados fazendo sites para empresas. Era um período em que a internet começava a ganhar escala no Brasil e, ter um site na internet, era sinal de estar acompanhando os avanços da tecnologia. Cheguei a ter como cliente uma empresa de Santos (SP), num trabalho feito em parceria com um outro jovem que conhecia apenas pela internet.

Nascia ali uma paixão por software que tempos mais tarde resultaria na inspiradora história da Hiper. É a partir dos sonhos da infância que descobrimos o que nos dá prazer.

Antes de tirar uma ideia do papel encontre o que te motiva, o seu propósito. Ao longo do tempo, o propósito é o ingrediente principal para encarar os percalços da jornada.

Quero que mais pessoas acreditem naquilo que sonham. O que te impede? Já faz algum tempo que o homem pisou na Lua e hoje, falamos em habitar outros planetas. Temos feito enormes avanços na medicina, na tecnologia e na forma como vivemos. Somos surpreendidos a todo momento com criações transformadoras, feitas por pessoas como eu e você. Precisamos aprender a usar a palavra "impossível" com menos peso.

> *Nem todos os dias serão dias de vitória. Fracassar faz parte e ser bem-sucedido é algo relativo.*

O grande sentido está em levantar a cabeça sempre que a vida te derrubar. O sucesso é resultado da história que você escreve após ter dado o primeiro passo e ele virá com a soma de pequenas conquistas acumuladas pelo caminho.

São nos momentos de maior tensão que o propósito mostra sua importância. É o propósito que te levanta quando a vida te derruba.

@TIAGO.VAILATI

Busque o bem-feito antes do perfeito

Uma vitória após a outra e o tão sonhado sucesso vai se desenhando. O que deu certo para mim, meus aprendizados e o que eu teria feito diferente é o que eu quero compartilhar com você neste livro.

Foi numa pequena mesa, numa estrutura totalmente improvisada, que a Hiper nasceu. Sim, algumas mesas podem mudar o mundo. Sou seguro de afirmar que muitas vidas e muitas empresas foram impactadas por causa de nós. Empreender é isso, impactar o mundo. A começar pelo seu.

Empreender foi algo que transformou a minha vida e a de muitas pessoas que participaram da louca aventura que tem sido criar um negócio com alma, feito por gente boa em torno de uma cultura forte e que tem impactado muitas vidas nesse nosso Brasil.

Começar é difícil mesmo

Quer empreender? Então, não espere uma vida tranquila, mas tenha como prioridade ser feliz durante a jornada.

No começo, você não tem muito mais do que um sonho, que é contado com grande entusiasmo. E a maioria das pessoas desacredita do que você quer fazer, olha para você com estranheza, questiona seus planos ou diz que já viu sua ideia em algum lugar.

Entre uma opinião e outra você deve aprender a não dar crédito para os pessimistas de plantão. Ou você se blinda ou acaba enterrando seu sonho antes mesmo de tentar. Você nunca sabe quão desafiador será até começar a trilhar seu caminho.

O QUE TE IMPEDE?

Lembro-me de quando alugamos nosso primeiro espaço, uma salinha com pouco mais de 30m². Mesmo tudo sendo muito simples, o sentimento era de que o negócio estava ficando profissional. Estávamos seguindo os passos de todo negócio que deu certo. Passamos a viver da nossa própria empresa e tínhamos um local só nosso para poder trabalhar.

O que não tinha mudado eram as longas jornadas de trabalho. Facilmente ficávamos por lá madrugadas adentro. Certa vez, estávamos extremamente envolvidos em uma nova versão do produto, por semanas esticando o trabalho até tarde. Naquela noite, cheguei em casa quando já passava da 1h da manhã. Acendo a luz da cozinha, onde minha mãe me esperava sentada e me recebe com uma abordagem que marcou profundamente essa época para mim:

> *Olha o que você fez da sua vida, meu filho?*
> *Você tinha um emprego bom,*
> *numa grande empresa,*
> *um futuro pela frente.*
> *E, hoje, o que você tem?"*

Talvez tenha sido o dia em que mais chorei em toda minha vida. Pensei muito no que tinha acabado de ouvir e tudo o que vinha acontecendo nos últimos meses. Para mim, o balanço de todo aquele esforço era positivo.

Meus pais sempre me apoiaram da maneira que podiam e isso tem um valor enorme. Porém, nesses momentos, a única pessoa que precisa acreditar no que você está fazendo é você mesmo.

Assuma que a jornada será longa e as provações serão muitas. São nos momentos de maior tensão, quando os desafios parecem pesados demais, que o propósito mostra sua importância e você percebe o quanto é forte. É o propósito que te levanta quando a vida te derruba.

Outro desafio comum no começo está associado aos resultados, mais especificamente às expectativas geradas a partir do que você planejou. Planilhas aceitam tudo.

Nessa fase, provavelmente o negócio ainda não tem um perfil de cliente muito bem definido, não há um processo de vendas replicável, muito menos previsível, e os resultados seguem o efeito "dente de serrote", num mês vão bem, no seguinte desapontam. É normal, tenha calma.

Porém, é natural que o empreendedor se depare com um certo nível de ansiedade, fruto do desejo de dar certo o quanto antes ou, pelo menos, antes da janela de tempo projetada para esgotar a reserva financeira. Talvez este seja o vilão mais duro de se combater. E para combatê-lo é preciso ter foco nas poucas métricas relevantes para tal fase que, via de regra, estarão associadas ao volume de vendas e aos feedbacks dos clientes.

O mais valioso é dedicar a maior parcela de energia desse momento em testar, aprender e validar a aderência do modelo comercial, além do quanto seu produto ou serviço é aceito pelo mercado, mantendo o que funcionar e descartando as hipóteses que não se comprovarem.

Use o não como você usa o sim

Os desafios começam a aumentar à medida que o negócio avança. Algumas coisas dão certo de primeira, outras precisam de um pouco mais de insistência e novas tentativas. Em momentos como esse é comum, no papel de líder, querer começar a diversificar e buscar alternativas. Eis que surge o risco de tirar o olho da bola e desviar da rota planejada.

Em todas as fases de um negócio, dos dias mais iniciais aos períodos de maior tração, muitas ideias vão aparecer, seja por iniciativa própria, geradas pelo time ou por terceiros que cruzarão o seu caminho buscando fazer algo em conjunto. Para manter-se fiel ao foco você precisa saber dizer não para muitas ideias boas, não tem outro jeito.

> *Foco não se resume a fazer poucas coisas, e sim dedicar atenção ao que é o mais relevante a se fazer em cada momento.*

Para apoiar, sugiro adotar um macete que me ajuda muito. Quando estiver pensando em abraçar novas frentes, reflita: "O que é o melhor a fazer pelo negócio AGORA?" Quando você entender que o momento é "AGORA", vá em frente. Se não, coloque numa lista de ideias para "ALGUM DIA".

Busque o bem-feito antes do perfeito

Isso me ajudou muito durante as diversas fases de crescimento da Hiper para não querer abraçar mais do que poderíamos. Lembre-se de que você precisará dividir sua atenção, energia e recursos para todas as frentes que estiverem em execução simultaneamente.

Lembro-me de uma fase na Hiper na qual sentíamos que era preciso criar novos produtos. Nós recebíamos muitos feedbacks para lançarmos uma oferta para o segmento de bares e restaurantes.

O nosso produto até então era focado no varejo em geral, exclusivamente pontos de venda. Não atendíamos os bares e restaurantes, porque esse tipo de negócio tem necessidades peculiares, cujo foco não é só a venda de produtos do estoque. Na sua essência, são pontos de consumo, com produção conforme a demanda, controle das contas de consumo em mesas e comandas e delivery. Apenas para citar algumas particularidades.

O mais interessante é que, com o passar do tempo aconselhando outros empreendedores, percebi que essa percepção é muito comum. Chega um momento em que o empreendedor se sente inseguro sobre o futuro do negócio e acredita que a melhor maneira de mitigar os riscos é criando novos produtos.

Você se vê num dilema que tira o sossego. Será mesmo a hora de investir em novas soluções ou agregar mais valor nas soluções já ofertadas? De um lado da balança, fica o receio de estar deixando oportunidades passarem. Do outro lado, o receio de desviar o foco.

A nossa decisão foi por criar um módulo complementar do produto principal voltado para o público de bares e restaurantes. Dedicamos alguns meses para fazer uma versão mínima para poder validar o interesse do público, medir a demanda e entender se o produto agregava valor. O resultado inicial até que não foi ruim, conquistamos algumas dezenas de clientes nos primeiros meses.

Mas...

Começamos a receber muitas solicitações de melhorias, funcionalidades que faltavam no sistema, mudanças de conceito que não tinham nenhuma ligação com o produto principal para o varejo geral, cujos clientes continuavam a demandar novidades e melhorias, além do fato de que era preciso acompanhar as inovações do mercado para não perder espaço.

A conclusão foi que estávamos tentando nos equilibrar em duas canoas, com um pé em cada uma. Tínhamos pegado um caminho errado e desviamos do nosso foco. Era possível contornar os desafios que surgiram e atender às demandas dos clientes? Claro. Mas não era o melhor a se fazer "AGORA".

Era demais para nossa capacidade naquele momento. Não havia dinheiro em caixa disponível para investir na criação de novos times e especializar foco para cada um dos segmentos que estávamos querendo atender com os dois produtos.

O que fizemos então, foi assumir que a decisão não tinha sido a melhor e dizer não. Cada escolha, uma renúncia. Descontinuamos o produto e realinhamos o foco da empresa. Nossa decisão foi por continuar nos dedicando em sermos os melhores possíveis para o varejo geral, que apresentava uma oportunidade de mais de 3 milhões de negócios na época.

Era um baita mercado e nenhum competidor atendia mais de 1%. Para que iríamos botar os pés em duas canoas?

Devemos entender que, como líderes, cabe exclusivamente a nós tomarmos as decisões. Algumas vezes acertamos e somos aplaudidos, outras vezes erramos e apontam o dedo para nós. O jogo é assim mesmo, se não quiser que te culpem, não tente fazer nada muito ousado. A parte boa é que toda falha deixa aprendizados, use isso a seu favor.

Ainda sobre a tomada de decisões. Assuma que tanto "sim" quanto "não" são respostas válidas. Mais do que isso, são as palavras mais simples e puras para se manter o foco no que realmente move as engrenagens.

Sempre fui muito sincero e transparente com as minhas opiniões. Se estou diante de uma situação que requer que me manifeste a favor ou contra uma decisão, não costumo hesitar, mesmo que o "não" seja menos desejado.

📌 *Se é a resposta mais adequada, de acordo com o que a razão e (ou) o coração mandam, vá em frente e expresse-se com uma negativa.*

Serão muitas as situações em que se está presente numa roda de discussão de um projeto, ou diante de um planejamento, com muitas ideias surgindo de maneira deliberada. Muitas pessoas vão cruzar seu caminho oferecendo seus produtos, sugerindo parcerias, querendo um espaço na sua agenda. Não há necessidade de se acatar tudo. Basta saber usar o não.

É importantíssimo saber se posicionar, mesmo sabendo que é fácil você parecer a pessoa "do contra". Busque sempre bons argumentos, procure explicar o seu racional e promova o debate quando perceber que é pertinente.

Não largue uma negativa como sendo a última resposta possível, muitas vezes você acabará mudando sua visão com um bom debate de ideias. O mundo muda, e você também pode mudar de opinião.

Mas eu reforço: saber usar o "não" com a mesma naturalidade que usamos o "sim" é transformador. Você se liberta de muitas amarras que só consomem seu tempo e sua energia e desvia de muitas armadilhas. Perder o foco pode ser desastroso.

Tendemos a resistir muito em usar o "não" como resposta, com receio de parecer deselegante. Eis que surge um comportamento comum na nossa sociedade que é o de ficar procrastinando, adiando a decisão, vencendo pelo cansaço. Se a conclusão é que algo não faz sentido, é melhor dizer não do que ficar querendo agradar a todos.

Você poupará tempo, energia e recursos seus e das demais pessoas. Foco é determinante para dar certo e aceite que ideias boas também podem ser rejeitadas. Use a lista de ideias para "ALGUM DIA" se achar que vale voltar a avaliar, senão tire da sua frente.

O que é realmente bom e que tem importância volta para você e pula alto no seu caminho, chamando a sua atenção.

Desvie do canto da sereia

Quando idealizamos a Hiper, a essência do modelo de negócio tinha boa dose de inovação, mas eu e meus sócios não tínhamos sacado nenhuma grande disrupção no nosso mercado. Na prática, não há problema algum nisso.

Existe muita falácia na cena empreendedora. Todo dia nasce um novo candidato a se tornar o próximo unicórnio, jargão usado para rotular as empresas que superam a marca de 1 bilhão de dólares de valor de mercado. Tem muita embalagem bonita com conteúdo pobre. O que falta para a maioria dos negócios é alma.

O que determina se você será bem-sucedido ao empreender não é o quão inédito é o negócio que você está lançando, e sim o quanto o mundo precisa daquilo que você está oferecendo.

O mundo não precisa de novas empresas "mais do mesmo". Assim é como eu costumo chamar as empresas que nascem apenas para seguir o que dá mais dinheiro, acompanhando alguma onda do momento e sem um propósito claro, sem alma.

Na Hiper, nós criamos um software para gestão de lojas, com foco total nos micros e pequenos negócios, ou seja, a base da pirâmide das empresas de comércio, que até então nunca havia sido bem servida por um produto desenhado especificamente para ajudá-las nas atividades do dia a dia, com grandes diferenciais em tecnologia e usabilidade. Algo feito com foco total no pequeno empreendedor e que cabia no seu orçamento.

Se pararmos para analisar o ciclo de vida das empresas desenvolvedoras de sistemas de gestão, percebemos um padrão. Todos os sistemas começam pequenos e vão aumentando, ganhando mais penduricalhos, ficando quadradões e caros demais para o pequeno negócio. Sem um posicionamento, tais empresas vão mudando seu público-alvo e direcionam atenção aos negócios maiores.

O que marcou nossa história foi o fato de termos levantado uma bandeira e assumido um compromisso com os pequenos empreendedores de varejo. Para nós, o que fazia sentido era ajudar esses negócios a prosperarem, entregando tecnologia desmistificada e que ajudasse na gestão.

Desde o início, esse foi o nosso propósito e nunca nos desviamos dele, por mais rentável que pudesse ser atender ao cliente maior. Optamos por ganhar pouco, mas de milhares de clientes. E temos conseguido fazer isso de forma escalável até hoje, com pouco mais de 10 anos, são mais de 22 mil estabelecimentos ativos, presentes em 2 mil cidades do Brasil.

Para fazer diferente você não precisa de uma ideia revolucionária, você não precisa ser um unicórnio, nem ser capa de revista ou destaque nos portais de empreendorismo. Você só precisa se diferenciar da multidão, não sendo mais do mesmo.

Além do mais, encontre um propósito, algo que toca o coração, começando pelo seu. Faça isso e veja que as pessoas vão querer apoiar, vão querer entrar para o time e vão se identificar com você ao comprar seu produto.

> *No fim das contas, junte tudo isso e você estará no caminho para criar um negócio de sucesso.*

A cadeira do líder

Todo problema é tratado de alguma forma até que se encontre uma forma melhor de resolvê-lo, da mesma forma que toda ideia de negócio tem competidores, sejam soluções semelhantes ou alternativas que, na maioria das vezes, nem percebemos que estão no nosso caminho.

Quando criamos a Hiper, um de nossos competidores era o simples caderninho na gaveta do gestor das lojas e as planilhas eletrônicas, onde anotavam todas as vendas realizadas e acompanhavam os valores recebidos e a receber. Outro competidor era a inércia. Isso mesmo, o pequeno empreendedor nem sempre buscava um software para auxiliá-lo na gestão do seu negócio. Muitos não buscavam por ferramentas de gestão, preferiam deixar as coisas como estavam.

Particularmente, eu acredito que sempre há uma maneira mais simples, viável e usual de se resolver as dificuldades do mundo. As inovações estão acontecendo numa velocidade cada vez maior.

O QUE TE IMPEDE?

É bem provável que alguém, em algum canto do mundo, está trabalhando na mesma ideia que você. Uma ideia não vale nada até que se encontre o público certo e solucione um problema de modo a ser adorada pelos clientes.

Para criar um negócio que seja sustentável e escalável a ponto de se tornar uma grande empresa é fundamental atender a um mercado gigante, de bilhões de reais.

Nada impede de se criar um negócio num mercado menor, porém é muito provável que se chegue logo a uma saturação, o que pode limitar a proporção que a empresa poderá tomar. É muito difícil fazer grandes empresas em mercados muito pequenos.

Uma vez que um negócio começa a ganhar escala, logo chama a atenção e é natural que outros negócios similares comecem a aparecer, gerando competição. É assim que o jogo funciona. Com isso, a disputa aumenta e, se o mercado não for grande o bastante, atinge a saturação em questão de tempo.

Muitos empreendedores no início de suas jornadas acreditam que precisam de soluções inéditas. Essa não é uma verdade. É preciso que haja espaço para ser um novo jogador no mercado que se busca endereçar.

Lembre-se do que mencionei anteriormente, há sempre um jeito melhor, mais barato, mais simples de se resolver um problema. Quando o iPhone surgiu, um ecossistema de smartphones já existia globalmente. Isso não impediu que a Apple desbancasse os líderes para revolucionar o mercado, mudando completamente as regras do jogo, além dos jogadores. Lembra-se da Nokia? Tem ouvido falar da BlackBerry?

A Hiper entrou num mercado com competidores bastante tradicionais. Havia regulação forte, muitas leis determinando o que se podia fazer para entregar soluções de software para o comércio. Isso fez com que os sistemas de ponto de venda fossem pouco pioneiros em inovação.

Entre nós, existiam empresas com forte presença. As principais eram a Linx, Bematech e Totvs, cujo foco estava voltado para atender o comércio de médio e grande porte. Nossos competidores diretos, com foco no pequeno comércio, eram empresas de software com atuação regional, que tinham certa participação nas regiões onde estavam situadas. Entretanto, ninguém se destacava em nível nacional.

Observando isso, notamos que não havia um líder estabelecido no segmento de software para pequenos comércios. Já para negócios de médio e grande porte, a liderança estava consolidada.

Foi a partir dessa leitura que traçamos a nossa visão de futuro, o que chamamos de sonho grande. Idealizamos que queríamos chegar à cadeira do líder do nosso segmento, algo que soou inspiracional para todos.

Desde que o grande ídolo nacional, o piloto Ayrton Senna, nos deixou, ninguém mais ocupou seu espaço, a cadeira do ídolo nacional está vazia até hoje. Olhando para isso, vimos que da mesma forma, não há ninguém sentado na cadeira do líder do segmento de software para o pequeno comércio. Se a cadeira do líder está vazia, alguém sentará lá um dia. Por que não a Hiper? O que nos impede?

As pessoas buscam fazer parte daquilo em que acreditam e, quando isso acontece, compartilham do sucesso como sendo algo seu.

@TIAGO.VAILATI

Como todo negócio tem competidores, é preciso achar o caminho para entrar no jogo com o máximo de chances de ganhá-lo. Para isso, procure entender quais são os diferenciais que seu negócio oferece.

Entenda por diferencial toda entrega de valor que o cliente aponta como um benefício para ele. Esqueça a tecnologia que você usou para desenvolver, as mais avançadas técnicas de inteligência artificial ou outros atributos técnicos se o cliente não enxergar isso como uma entrega de valor que traz um benefício para ele.

É sempre pela ótica do cliente. Quanto mais benefícios percebidos pelo cliente como diferenciados, mais pontos a seu favor.

Isso vale para todo tipo de negócio. Se alguém, cuja família aumentou, está procurando um carro novo, provavelmente o espaço interno e o porta-malas serão decisivos no momento da escolha. Conquista o cliente quem superar as expectativas nesses critérios, mesmo que a potência do motor seja inferior.

Não faça mais do mesmo, procure se diferenciar para ganhar espaço diante dos seus competidores. Gere valor para o seu público, sabendo que valor de verdade só existe quando percebido a partir da perspectiva do cliente.

Dinheiro que gera dinheiro

A batalha de toda empresa está traçada com o alvo na busca pelos melhores resultados. Crescer ano após ano a boas taxas. Uma das coisas que sempre procurei fazer foi deixar claro para o meu time o que entendemos por resultado.

Para um vendedor é fácil assimilar o quanto ele tem contribuído para os resultados do negócio, a cada negócio fechado, há uma previsão de faturamento por vir. E no caso do analista de suporte técnico, o profissional que se relaciona com os clientes ajudando na resolução de dúvidas e percalços na jornada? As atividades de ambos precisam estar ligadas aos resultados, sem distinções, sem diferença no grau de importância.

O mundo de hoje é feito por pessoas movidas por diversos fatores, que vão muito além do salário. As pessoas buscam fazer parte daquilo em que acreditam e, quando isso acontece, compartilham do sucesso como sendo algo seu.

Resultado normalmente é reflexo de uma série de fatores: receitas, impostos, custo, despesas. Parece ser um tema para o time financeiro e contábil. Só parece. Para isso, jamais negligencie a importância de deixar claro o que é resultado para todo o time.

A melhor maneira de deixar todos em sintonia quanto aos objetivos é simplificar o que entendemos por resultado. Na minha visão, está relacionado a apenas duas coisas: geração de receita ou redução das despesas. Qualquer outra coisa é vaidade, serve para massagear o ego. Acredite, um negócio que hoje, contabilmente, dá lucro, pode quebrar amanhã.

Na prática, para a Hiper, resultado sempre significou aumentar a base de clientes. Isso se dá através da conquista de novos clientes e da retenção dos clientes conosco. Voltando aos dois papéis que citei anteriormente: o vendedor e o analista de suporte.

Um contribui realizando novas vendas com o aumento do faturamento, enquanto o outro está dedicado a manter a satisfação dos clientes e a retenção dos contratos, o que no fim do dia significa evitar perda de receita.

Olhando para o time como um todo, você perceberá que as pessoas estão envolvidas em encontrar maneiras mais eficientes de fazer as coisas, reduzindo gastos desnecessários; na criação de melhorias e inovações nos produtos, para manter e conquistar novos clientes; e inúmeras outras atividades que possam parecer secundárias para os números da contabilidade, mas, que no dia a dia, têm impacto percebido facilmente quando se trata de faturar mais ou gastar em iniciativas que melhoram o que entendemos como resultado, ou seja, dinheiro que gera dinheiro.

A cultura de cuidar dos resultados é um dos legados mais valiosos para a continuidade de todo negócio. Uma vez que todos sabem da sua contribuição para os objetivos dos negócios, começa-se a traçar as ações na rotina diária sempre com a finalidade clara de chegar aonde se espera. A médio e longo prazo, isso é transformador, principalmente no comprometimento das pessoas.

Há um contraponto aqui. Se formos demasiadamente puristas em buscar gastar cada vez menos, mirando claramente em melhorar os lucros, podemos afetar uma engrenagem vital que são os investimentos no negócio. Quando falo em investimentos, refiro-me a dinheiro que gera dinheiro.

Não sou fã de negócios que crescem sem dar lucro. Sempre gostei de sustentabilidade financeira. Mas cuidado para não ser conservador demais e deixar de investir no crescimento. Se tudo estiver muito tranquilo, poucos desafios, pode ser que esteja sendo muito conservador.

Como escalar as vendas sem um time adequado ou com pouco investimento em marketing para geração de demanda? Como lançar um novo produto sem o investimento em time para desenvolvimento? Como se tornar eficiente e produtivo sem usar as ferramentas certas?

A resposta de todas essas perguntas está ligada a investir. É dinheiro que gera dinheiro. Para viabilizar, existem especificamente três fontes: dinheiro do caixa, dinheiro dos sócios ou dinheiro dos outros.

A opção por usar o dinheiro do próprio caixa da empresa, certamente é a mais barata, uma vez que não há incidência dos encargos comuns em empréstimos. Os cuidados estão ligados a não deixar faltar recursos para o giro da empresa. É fundamental ter o domínio sobre as previsões de recebimentos e pagamentos para o período em que se espera obter o retorno do investimento.

Uma alternativa comum é buscar um aporte financeiro com os sócios atuais do negócio, onde a contrapartida pode estar em aumentar a participação societária ou, no melhor dos casos, apenas refletir no aumento do capital social da empresa, sem impacto na distribuição das cotas de participação de cada sócio.

Essas duas opções, normalmente, são mais indicadas para investimentos de menor porte e para projetos nos estágios mais iniciais do negócio, onde ainda se procura encontrar o modelo de tração que possibilitará um ganho de escala mais agressivo.

Uma vantagem incomparável de quem segue a jornada inicial pelas próprias pernas, sem investimentos de terceiros, é que você é forçado a focar o que realmente interessa para fazer o negócio sair do chão, que se resume a encontrar o produto certo para o público certo e levantar a receita necessária para suprir despesas e reinvestir no negócio.

> *Você chega com mais fôlego e numa posição muito mais favorável se for buscar um investimento direcionado para acelerar o crescimento e alçar voos mais ousados.*

A terceira alternativa é uma opção em que muitos empreendedores torcem o nariz. Buscar pelo dinheiro dos outros é uma opção com alguns preconceitos, mas que pode trazer muitos benefícios se usada de maneira estratégica. Além das linhas de crédito do mercado, trazer para o quadro de sócios um investidor anjo ou um fundo de investimento, normalmente agrega mais do que dinheiro no caixa. Por que não considerar?

É conhecida popularmente pelo termo *smart money*, pois além do dinheiro, os investidores podem acrescentar competências complementares ao negócio, relacionadas aos desafios do momento.

Vou dar alguns exemplos. Para um negócio digital, que está em fase de escalada da sua máquina de vendas, faz todo sentido aproximar-se de um investidor que tenha experiência em estratégias de geração de demanda, construção de time, processos e ferramentas de marketing e vendas. Além do dinheiro, o negócio passa a contar com um suporte de profissionais com experiência e foco nos resultados esperados.

Isso vale também para negócios nem tão digitais assim. Se um negócio de alimentação está na fase de expansão, faz parte do plano espalhar franquias pelo Brasil. Nesse caso, além do investimento financeiro, pode fazer todo sentido trazer para a sociedade um investidor que tenha experiência em modelos de expansão baseados em franquias.

Além de tudo o que foi falado, ao trazer um fundo de investimento, normalmente será necessário realizar investimentos internos em governança, gestão e auditorias, o que agrega muito em termos de confiabilidade.

É comum no meio das *startups*, como são chamadas as empresas criadas com a ambição de encontrar um modelo replicável e escalável de crescimento, a estratégia de captação de seguidas rodadas de investimento.

Na Hiper, vivemos essa experiência. De 2012 a 2015, os primeiros 3 anos da empresa, os investimentos no nosso crescimento eram originados da receita gerada pela própria empresa; praticamente tudo era reinvestido no projeto de crescimento acelerado que estávamos imprimindo. No segundo ano, crescemos quatro vezes e, no terceiro ano, a empresa triplicou de tamanho.

É normal que as *startups* procurem por investimentos de terceiros para acelerar seu plano de negócio e buscar crescimento a taxas mais elevadas, encurtando o tempo que se levaria para chegar a um patamar maior em termos de tamanho de negócio e valor de mercado.

Por volta do terceiro ano da nossa jornada, nós fomos investidos por uma aceleradora de *startups*, a Ace, que na época ainda se chamava Aceleratech. Mais do que o aporte financeiro, recebemos muito apoio para a estruturação do plano de crescimento do negócio. "*Smart money*" de verdade, vindo dos próprios fundadores e do time da aceleradora, bem como de uma rede de mentores especializados nos diferentes desafios que uma *startup* enfrenta durante seu desenvolvimento. Para a Hiper daquele momento e para nós, empreendedores muito menos experientes, toda a vivência com a turma da Ace foi transformadora.

Foi quando chegamos num ponto de maturidade interessante, com um produto muito bem aceito pelo mercado e um modelo comercial escalável. Então, buscamos um investimento com dois fundos nacionais, e trouxemos para a sociedade a Cventures e a M3 Investimentos, numa rodada de Série A.

A rodada definida como Série A é uma das primeiras captações feitas com fundos de *venture capital*, que são fundos de investimento estruturados para aporte de quantias expressivas em negócios em troca de participação societária.

O fluxo de captação de investimento segue para as Série B, Série C e assim sucessivamente. Existe um certo padrão de tamanho de cheque para os aportes realizados em cada série. Pela lógica, eles vão crescendo a cada nova rodada. Por outro lado, a maturidade e relevância do negócio também precisa evoluir para poder acompanhar a sequência de investimentos.

O QUE TE IMPEDE?

As grandes contribuições complementares ao investimento foram os avanços na maturidade de gestão do negócio. Transformamos a Hiper numa Sociedade Anônima (SA), criamos uma área de controladoria, organizamos a gestão orçamentária e montamos o conselho administrativo.

Foi nessa ocasião que trouxemos para o time o Cleiton Masche, para encabeçar a nossa controladoria e que teve papel fundamental na história da Hiper, vindo a se tornar nosso Diretor Financeiro algum tempo depois, o primeiro diretor da empresa que não era um fundador. O quanto antes for possível, direcione investimentos para estruturar a governança. Você torna o negócio mais profissional e não deixa espaço para soluções questionáveis. Ganha-se muito com isso.

Uma recomendação muito forte que costumo dar para empreendedores que estão na fase pós-captação, quando o foco se volta para executar a tese de investimento, é não tirar o foco do crescimento sustentável. Com dinheiro na mão é fácil sair gastando com coisas supérfluas apenas para parecer *"cool"*.

Outra recomendação é cuidar para não se tornar uma empresa que nunca verá as contas no azul. É preciso muita disciplina para manter o fluxo de caixa ao alcance das mãos, permitindo levar a empresa para o *"break even"*, o ponto de equilíbrio financeiro, em caso de necessidade. Não esqueça que um negócio sem dinheiro é o mesmo que um ser humano sem oxigênio.

Enxergando terra firme

São tantos desafios que fazem parte da fase de concepção de um negócio que o empreendedor pode acabar entrando no piloto automático, com o objetivo de sobreviver semana após semana.

Empreender é muito mais saber equilibrar-se em meio aos desafios do que genialidade. O problema é que existe muito glamour em cima de histórias de empreendedorismo, o que acaba gerando a falsa sensação de que tudo será um grande mar de rosas. Normalmente nos contam a parte "sexy" da história, e acreditamos que aquilo é a história toda.

Tudo começa com uma ideia, a suspeita de que existe uma oportunidade de negócio por trás de um problema real. Eis que se cria uma versão inicial do produto ou desenvolve o processo de entrega de um serviço e recrutam-se umas poucas pessoas para o time. Primeiro passo dado e, a partir de então, no centro de todos os seus desafios, passa a estar o seu novo negócio.

Chega uma hora onde se começa a engrenar e dar sinais de que as coisas estão dando certo de maneira sustentável. É fundamental saber identificar esse momento.

É bem provável que, no primeiro ano da empresa, você estará ajustando muitas coisas, do produto e serviços prestados, modelo comercial até detalhes nos processos de atendimento ao cliente. Nessa época você começa a acumular os primeiros clientes.

Um sinal perfeito de que você está criando um negócio com um futuro promissor aparece quando sua base de clientes come-

O QUE TE IMPEDE?

ça a crescer. Mesmo com algumas coisas saindo fora do planejado, ter clientes fidelizados é o sinal certo de que você enxergou terra firme.

Como já explanei, problemas fazem parte. Empresas pequenas, problemas pequenos. Conforme as coisas vão ganhando corpo, com a escala do negócio, é comum você sentir saudades dos problemas do começo.

A parte boa é que o empreendedor se torna um apaixonado pelo que está criando e passa a entender que desafios surgem para serem vencidos. Quanto mais o tempo passar, mais claro ficará de que a calmaria não dura para sempre e, da mesma forma, toda tempestade é passageira.

Você monta o negócio sonhando com o dia em que ele dará certo, mas saiba que não existe um dia D... Você não vai acordar e perceber que achou o caminho do sucesso, é algo muito mais sutil, mas você vai perceber quando isso acontecer.

As incertezas sobre ter ou não encontrado o modelo certo para a escalada do negócio começam a sumir quando você consegue responder a questões simples, mas que durante muito tempo ficam em aberto. Quem está comprando e usando o seu produto e por quê? Como o processo de venda e aquisição de clientes evoluiu desde que começou? Ao perguntar aos seus clientes por que eles compraram de você, o que eles vão dizer?

Quanto mais simples for para você responder com segurança a questões como essas, mais próximo de ter encontrado uma conexão entre o que você oferece com o que o mercado precisa.

Clientes tendo sucesso, atração de novos clientes acontecendo com recorrência e métricas relevantes ganhando velocidade. Por isso, gosto de dizer que é fundamental ter duas coisas em mente sempre: procurar ser adorado pelos clientes e fazer tudo com eficiência financeira.

Então, você começa a viver uma nova jornada, muito semelhante à fase da adolescência, que intermedia a transição da infância da empresa para uma fase que será marcada pelo amadurecimento.

📌 *É quando o negócio começa a dar certo que você percebe que criar um negócio requer muito mais energia do que você havia imaginado.*

Ajudar empreendedores e líderes a viver a fase de construção e estruturação do negócio é o grande propósito deste livro, onde eu posso, de fato, contribuir. As histórias mais legítimas são contadas por aqueles que as vivenciaram.

Atualmente, muito se fala sobre como tirar a ideia do papel, com muito conteúdo voltado para ensinar o aspirante a empreendedor a dar os primeiros passos. Da mesma forma, existe uma grande quantidade de conteúdo sobre empresas que deram certo, com foco maior para as conquistas. Há um vácuo entre os dois momentos, pois normalmente são abstraídos os detalhes do percurso.

Mais do que homens e mulheres de negócios, empreendedores de sucesso são homens e mulheres especialistas em pessoas.

@TIAGO.VAILATI

Ao longo dos próximos capítulos, convido você a mergulhar nos desafios que enfrentam empreendedores e líderes de negócios que começam a dar certo, conhecendo os segredos e caminhos para atravessar, da fase em que a empresa está orientada à descoberta da conexão entre produto, oferta e mercado para uma fase de estruturação das áreas da empresa e crescimento acelerado.

Nessa nova fase, a empresa começa a ser construída de fato. Inicialmente você não tem time de marketing, vendas, produto, administrativo. Pelo menos não com o corpo que você precisará formar para o estágio onde o negócio ganha escala e tração. Você sai do modo "todos fazem de tudo" para contar com "times especializados".

Nós vamos conhecer juntos, durante os próximos capítulos, os elementos principais para você liderar a empresa para a fase de maturidade, passando por temas como: cultura, time, gestão e liderança.

Para mim, o segredo do sucesso de todo negócio está concentrado em sonhar com o futuro em que se quer chegar e liderar o presente para que se conecte com o futuro. Chegar lá só será possível contando com gente boa. Mais do que homens e mulheres de negócios, empreendedores de sucesso são homens e mulheres especialistas em pessoas.

A liderança vem do respeito das pessoas por você, conquistado com uma postura exemplar, constante e desenvolvida ao longo do tempo.

@TIAGO.VAILATI

PRINCÍPIO 2
FAÇA DA REPUTAÇÃO A SUA MARCA PESSOAL

Para fazer com excelência boa parte das coisas que fazemos na vida, um período longo de preparo é essencial. Não existe sucesso da noite para o dia.

Por mais que pareçam existir exemplos de pessoas que se tornaram bem-sucedidas em pouco tempo, indo a fundo, você perceberá que conhece só parte da história. Coisas relevantes levam tempo para serem feitas.

Por que nunca vimos um papa com seus vinte e poucos anos? Da mesma forma, dificilmente veremos um membro da suprema corte de qualquer país com menos de duas décadas de magistratura.

Para ambos os exemplos, por se tratar de posições de elevada importância, além do conhecimento adquirido com o tempo de vivência, é obrigatório ter uma reputação limpa e exemplar.

Conhecimento amplo e reputação se constroem com tempo, muita dedicação e uma disciplinada postura de serventia. Antes de querer ocupar qualquer posição de relevância, é preciso ser um bom servidor. Bons pais foram bons filhos. Os líderes que se destacam hoje foram bons executores quando à frente de suas funções operacionais.

Bons líderes sabem, como ninguém, servir às pessoas. Preste muita atenção no verbo "servir". Não interprete como uma posição de submissão ou que se faça necessário atender a todas as vontades das pessoas.

Para servir não é preciso se posicionar abaixo dos outros. Nem acima, mas sim ao lado. Nesse contexto, servir significa apoiar, garantindo que as suas pessoas tenham as condições certas para chegar aos objetivos desejados.

Liderança não vem com o cargo que você possui ou da posição que ocupa na hierarquia. O peso do crachá não torna ninguém líder. A liderança vem do respeito das pessoas por você, conquistado com uma postura exemplar, constante e desenvolvida ao longo do tempo.

Aprenda a distinguir três coisas muito parecidas: fama, importância e essencialidade. Na nossa vida, existem pessoas importantes e, num nível acima delas, estão as pessoas essenciais.

Reputação positiva está diretamente ligada à importância e à essencialidade, sem nenhuma correlação com a fama.

Há um desperdício grande de energia por parte das pessoas em busca de rótulos, para se tornarem conhecidas, querendo ocupar um lugar diante dos holofotes, a tal da fama. Não me refiro às celebridades. Estou falando do nosso cotidiano. Sempre tem alguém querendo roubar a cena, antes mesmo de ser reconhecido por ter feito coisas importantes.

Antes de se tornar essencial é preciso ser importante. Importância vem a partir do respeito. E respeito conquista-se com o tempo. Isso merece um reforço: respeito não se impõe, conquista-se por meio de atitudes consistentes. E isso leva tempo.

Entenda que primeiro você conquista seu espaço, faz coisas que mereçam reconhecimento, e o resultado disso será uma boa reputação.

> *As pessoas buscam referência nas pessoas que admiram e respeitam.*

Os liderados são um reflexo do seu líder. Jamais será um líder legítimo quem não conquistou uma posição de referência para as pessoas. Essa é a verdadeira base da liderança.

Antes de liderar, aprenda a servir

Antes da empresa precisar de um diretor-geral de fato, mais comumente designado pelo termo *Chief Executive Officer (CEO)*, importado das empresas americanas, é preciso ter certeza de que o negócio encontrou o modelo de tração, determinado pela validação do produto, modelo comercial e perfil de cliente.

Isso vale para os outros papéis de diretoria. Pouco importa quem é o diretor comercial, diretor de tecnologia num negócio onde são apenas os fundadores e nada mais do que meia dúzia de pessoas no time. Antes de querer ocupar um papel de liderança na sua própria empresa, aprenda a ser um bom executor. No começo, os fundadores e o time inicial fazem de tudo um pouco.

A mentalidade de se considerar um funcionário do próprio negócio é algo com o qual simpatizo muito. Pelo simples fato de que liderar, torna-se mais legítimo, você vive aquilo que prega. Não caia na armadilha de se autofavorecer com regalias pelo fato de ser o fundador da empresa. Seja você o funcionário modelo do seu próprio negócio.

Conviva nas mesmas condições que o restante do time. Se há hora para iniciar o expediente, respeite. Se todos vestem-se de maneira simples, siga. Se o momento está difícil, seja o primeiro a suar a camisa.

Um desafio constante para quem ocupa papéis de liderança é o de quebrar o gelo hierárquico. É normal que as pessoas considerem os fundadores, diretores e demais lideranças pessoas diferenciadas. Procure manter as raízes, demonstre ser uma pessoa acessível e próxima das demais.

Dispense a sala do chefe, você não precisa de uma sala só sua, impondo barreiras para as pessoas acessarem você. Promova uma conexão frequente com o seu pessoal, não apenas com aqueles mais ligados a você pela operação.

Mostre que você é uma pessoa como todas as demais. Bons discursos podem até causar impacto momentâneo, mas as atitudes e o exemplo de um líder legítimo mexem com as pessoas.

Os grandes fracassos no campo da liderança que observei durante a minha carreira não estavam diretamente ligados a conhecimento, mas sim ao comportamento e atitudes no campo das habilidades ao lidar com as pessoas.

Um desafio interessante para as empresas que começam a ganhar tração é o momento de ampliar o time. Nessa fase, quando será criada uma nova posição no time, antes de contratar alguém para desempenhar tal papel, procure executar a função por um certo tempo, você ou alguém que exercerá o papel de liderança.

Dessa forma você aprenderá os pontos críticos daquela função, deixará sua visão mais clara sobre como os resultados podem ser construídos, quais são as métricas-chave daquela posição, bem como os critérios para a definição de objetivos e metas.

Quando a operação e os resultados começam a ganhar corpo, o reflexo direto será no time que começa a crescer. É fundamental ter poucas pessoas no time antes de escalar a operação.

Após superar a marca das dez pessoas no time, o líder depara-se com um novo desafio: a formatação da cultura. Cultura sempre foi algo que me atraiu e onde dediquei muito do meu tempo como empreendedor. Este será um tema que vamos aprofundar bastante nos próximos capítulos.

Seja justo e tenha alma

Para mim, ser justo e ter alma são duas características nobres de todo líder memorável.

Cada um de nós tem um jeito de ser quando o assunto é relacionamento interpessoal. Alguns são mais abertos, espontâneos, outros mais sérios e reservados. E tem aqueles que se envolvem profundamente com os sentimentos das pessoas com quem convivem.

Independentemente do que é mais marcante no seu perfil, na posição de líder, é fundamental equilibrar as duas características que citei anteriormente: tratar as pessoas de forma justa e imparcial e, na mesma proporção, ser uma pessoa com sentimentos, integridade e empatia.

Preocupe-se de verdade com as pessoas próximas a você. Saiba incentivá-las e, da mesma forma, encontre uma maneira de cobrar o desempenho e a entrega de resultados. Liderar tem muito a ver com o desenvolvimento das pessoas, conduzindo-as aos resultados de uma maneira saudável.

E para isso, é preciso saber dosar momentos em que você deve ser um amigo, e momentos em que você precisa ser firme.

Durante a jornada, o líder se depara com situações extremamente complexas, onde sua decisão é determinante para o equilíbrio do time. Cortar alguém do time com baixo desempenho? O que fazer diante de um erro grave? As pessoas estão sendo reconhecidas da maneira que esperam?

Nessas situações, agir de forma justa será essencial.

Justiça é algo muito delicado. Não é por menos que o símbolo da justiça é uma pessoa de olhos vendados segurando uma balança com uma das mãos e uma espada com a outra.

A justiça se dá quando uma sentença é proferida (espada), tendo avaliado os diferentes lados da situação (balança) de forma imparcial (olhos vendados). Atendemos aos preceitos da justiça quando tratamos todos com as mesmas condições.

Quando tomamos uma decisão delicada, tendo aplicado o que determinam os conceitos da justiça, devemos dedicar tempo e energia suficientes para que as pessoas entendam os motivos pelos quais chegou-se à determinada decisão.

Corremos o risco de ser interpretados de maneira incorreta se não expusermos com transparência os fatores que nos levaram ao veredito. Nem sempre haverá consenso por parte de quem interpreta. Mas, saiba que, tão importante quanto ser justo é empenhar-se para ser justo. No fim das contas, procure estar com a consciência tranquila de que fez sua parte.

> *Não privilegie ninguém.*
> *Quando achar que precisa ser duro, seja.*
> *É benéfico para o time ter certos limites,*
> *num clima de companheirismo e confiança.*

Estes são aprendizados que começam cedo na trajetória de todo líder.

Sair da posição de colega de trabalho, na qual a prioridade está mais voltada para a execução e assumir uma posição em que você passa a ser a referência para todo o time, requer que se esteja aberto para uma rápida mudança de atitudes e evolução pessoal.

Exale a sua alma e procure desenvolver uma cultura de trabalho coletivo, sem privilégios e com alto nível de entrega de resultados.

> 📌 *Nunca se esqueça de que o time sempre será um reflexo do seu líder.*

Seja transparente e legítimo

Um dos aprendizados mais valiosos que recebi como consequência das inúmeras vezes que falhamos durante a trajetória da Hiper é a importância de ser transparente com as pessoas que te cercam. E quando explicitamos algo de forma transparente devemos, acima de tudo, ser legítimos.

Quanto mais temos bons resultados, mais ouvimos boas coisas a nosso respeito, recebemos elogios e vamos formando uma bela reputação. Cuidado! É a partir daí que tendemos a cair numa armadilha perigosa.

> 📌 *O sucesso é um mau professor.*

Começamos involuntariamente a achar que não podemos mais tropeçar, que falhas não podem mais fazer parte do nosso repertório e que a tomada de decisão deve sempre resultar em acertos.

Estando você na posição de liderança, à frente de um negócio, você não precisa ser um super-herói. Permita mostrar-se vulnerável para aqueles que te cercam. Seja humilde e saiba reconhecer que você também pode falhar e, quando isso acontecer, reconheça perante seu time, seus clientes e seus liderados.

> *No fim do dia,*
> *somos todos seres humanos,*
> *e as pessoas querem*
> *estabelecer relações*
> *com quem é digno e*
> *merecedor da sua confiança.*

Já há algum tempo, no início de cada mês, nós enviamos a todo o nosso time um e-mail com um conteúdo que compila os principais acontecimentos da Hiper. Como abertura do e-mail, eu escrevo uma mensagem curta e direta sobre os passos que foram dados e o que vem por aí, seja em termos de desafios e objetivos.

O texto a seguir foi a minha mensagem do e-mail referente ao mês de setembro de 2019, quando estávamos nos aproximando de um marco importantíssimo para nós, superar o primeiro milhão de reais de faturamento mensal.

O QUE TE IMPEDE?

Chegamos no final do terceiro trimestre de 2019, e setembro foi um mês muito positivo para a Hiper. Batemos a meta de faturamento do trimestre, fechando o mês com o faturamento de R$960K, nosso novo recorde... Estamos nos aproximando do primeiro milhão!

Fizemos a melhor ativação de clientes de toda nossa história, foram 661 novos clientes, 153 clientes a mais do que o mês de setembro do ano passado. Novos recordes de um time vencedor!

O ano de 2019 entrou na reta final. Planejamos para o quarto trimestre um crescimento bem arrojado. Nos três meses finais deste ano, queremos crescer nosso faturamento em 42% em relação ao ano passado. Seguimos com os esforços de melhorar a satisfação dos clientes para reduzir os cancelamentos. Mais do que converter novos clientes, reter os atuais é o objetivo.

Teremos boas novidades, como nosso lançamento do primeiro produto de fintech da Hiper... o Hiper Pay vem aí! Vamos inovar e entrar na revolução bancária para impactar e ajudar ainda mais nossos clientes.

Foi um mês de muita garra e sangue no olho em todos os times, muitas metas batidas, novos projetos lançados e muitas conquistas.

Há um ano fizemos o movimento mais ousado da nossa trajetória, matamos e lançamos o substituto do nosso principal produto. Hoje, um ano depois, tenho plena certeza de que fizemos o melhor movimento... muitas oportunidades surgiram e muita coisa boa vem pela frente.

Tenho certeza de que vamos vibrar muito ainda neste ano, gente boa faz acontecer!

– Tiago Vailati

Este tipo de mensagem funciona como um balanço do mês, ou seja, ajuda todo o time a interpretar de maneira alinhada como estamos nos movendo. Dentro das áreas, os desafios são distintos. Há meses mais pesados em certos times e, se não compartilharmos uma visão ampla dos nossos passos, é comum que as pessoas olhem para o copo meio vazio.

> *Outro fato que agrega muito valor numa relação de transparência é não fugir de temas polêmicos nem esconder as falhas.*

Certa vez, um de nossos principais engenheiros de software cometeu um deslize ao executar um procedimento interno num dos nossos servidores de banco de dados e acabou deixando inoperante todo o ambiente de gestão em nuvem do Hiper.

A falha foi severa, impactou a base completa de clientes e resultou numa indisponibilidade de mais de 10 horas. Trabalhamos duro naquele dia para poder restabelecer nossos sistemas.

O QUE TE IMPEDE?

Ao voltarmos à normalidade, abrimos o jogo com nossos clientes, por meio de uma mensagem que aparecia automaticamente para todos os usuários ao acessarem o sistema. Explicamos com sinceridade e total transparência que a indisponibilidade foi causada por um erro nosso, sem jargões, sem culpar algum aspecto tecnológico nem transferir a responsabilidade para terceiros. Erramos e, legitimamente, assumimos nossa falha.

Tivemos uma grande surpresa, quando após termos nos manifestado esclarecendo o ocorrido, recebo no meu e-mail um retorno de um cliente. Na mensagem ele dizia que realmente foi difícil o período de indisponibilidade, mas parabenizou pela honestidade e clareza ao assumirmos a culpa. E mais, ninguém do nosso time foi demitido.

Um dos momentos mais duros que passei à frente da Hiper foi quando explodiu a pandemia do coronavírus (Covid-19). O mundo inteiro foi impactado pela doença, e todos os países estavam sofrendo com a disseminação do vírus de maneira agressiva.

Em meados de março de 2020, o vírus estava se espalhando de maneira exponencial pelo Brasil, estávamos vivendo um período de reclusão: estabelecimentos impedidos de abrir as portas e as pessoas confinadas em suas casas. O medo e a incerteza prevaleciam.

Na Hiper, montamos um grupo interno para o desenvolvimento de medidas preventivas e de reação aos impactos da disseminação do vírus no nosso país e no nosso negócio.

A primeira medida foi no sentido de garantir o bem-estar das nossas pessoas. Mesmo não havendo nenhum caso confirmado na nossa cidade, decidimos adotar o regime de home office para 100% do nosso time. Seguimos firmes na execução das nossas atividades, mas a distância.

Era algo novo para nós, não tínhamos a cultura de trabalhar em home office. Muito pelo contrário, sempre tivemos uma interação muito forte entre os times. A proximidade entre as pessoas fortalecia a interação bastante próxima no dia a dia da empresa.

Foi uma decisão delicada: de um lado, a saúde das pessoas e, de outro, os resultados da empresa. Mas tenho certeza de que fizemos o certo. O time percebeu legitimidade no movimento e sentiu-se acolhido por estar podendo trabalhar com mais segurança.

Nesse período, lembro-me de ter que adotar uma postura muito ativa como principal líder da empresa. Não estávamos mais frente a frente, mas era preciso manter as pessoas cientes do caminho que era trilhado. Passei a enviar mensagens com mais frequência para o time, por meio das diversas ferramentas de comunicação que estavam à nossa disposição, inclusive nas redes sociais.

O mês de março de 2020, quando tudo mudou, era um mês de metas bastante relevantes, refletia forte crescimento em boa parte dos times. Quando tivemos que mexer no *modus operandi* da empresa e partir para o home office, confesso que me preocupei com o impacto no belo trabalho que os times vinham fazendo para devorar as metas.

Quando o mês encerrou, não fomos vencedores em todos os números. Mas havíamos vencido de maneira qualitativa. Eu precisava transmitir isso para o time. No e-mail do Aconteceu na Hiper de março, este foi o texto que enviei para as nossas pessoas:

O QUE TE IMPEDE?

Quando o mês de março começou, nem de longe era possível imaginar tudo o que estava por vir, não é mesmo?

É estimado que, no mundo todo, mais de 1 bilhão de pessoas estejam em lockdown neste momento e há quem afirme que o recomendável é que este número fosse ainda maior. Observamos o mundo inteiro mudar, de repente.

O ano de 2020 vinha se demonstrando um ano vencedor para a Hiper e para os nossos clientes, com sinais óbvios de reaquecimento da economia. Durante os três primeiros meses de 2020, nossos clientes estavam vendendo 35% mais em comparação com o ano anterior.

Mas, diante da disseminação acelerada da Covid-19 (coronavírus) no nosso país, nos vimos com a necessidade de repensar a maneira como iríamos seguir tocando a Hiper adiante. Nos unimos e ajustamos as velas, com o intuito de manter o veleiro seguindo para o seu destino.

Mesmo sem nenhum caso confirmado na nossa cidade, decidimos implantar o home office para 100% do nosso time. Com as nossas pessoas trabalhando de seus lares, tínhamos total condição de seguir em frente. Foi então, que algo muito gratificante aconteceu: vimos todos os times adotarem uma postura de jogar no ataque, obstinados a devorar as metas do mês.

Fechamos março com 547 novos clientes convertidos (80% da meta), mas 35% a mais do que em março do ano anterior. Tivemos 266 Hiperadores engajados, um pouco distante dos 310 que queríamos, resultado certamente impactado pelo fechamento do comércio em todo o país, porém o resultado ainda é 33% maior do que março do ano anterior. No geral, olhando para o faturamento, ficamos abaixo da meta em 13%.

Mas, por outro lado, tivemos um novo recorde na Central de Leads, com 63 vendas realizadas e convertemos 39 novos Hiperadores, um belo resultado (faltou apenas 1 para batermos a meta).

Lançamos a integração da Hiper com o Mercado Livre e disponibilizamos gratuitamente para todos os nossos clientes, com intuito de ajudá-los a habilitar um canal de vendas digital, neste momento em que o lojista viu o movimento da sua loja física diminuir drasticamente ou está impedido de abrir as portas, por determinação do governo.

Quero finalizar o balanço do mês de março com uma mensagem para TODOS OS TIMES: Suporte, Produto, Controladoria, Canais, Marketing, Expansão, Central de Leads e Talentos, vocês brilharam neste mês. Jogamos o jogo unidos, jogamos no ataque, com vontade de vencer. E, apesar de alguns resultados terem ficado abaixo da meta, considerem-se vitoriosos.

A Covid-19 representa para todos nós um momento de crise, e toda crise é definida por 3 características: (1) tem uma data para acabar; (2) traz novas oportunidades; e (3) deixa aprendizados. A história é contada pelos que sobre-

Ouça feedbacks sem se colocar na defensiva, amplie sua visão de mundo, aprenda sempre e se conecte com as pessoas, pois nunca seremos completos o bastante.

@TIAGO.VAILATI

viveram. Não tenho dúvidas de que estaremos contando essa história no futuro.

Vamos seguir firmes neste mês de abril, com o mesmo sangue no olho que demonstramos até aqui.

Mete o pé galera!

– Tiago Vailati

Quando digo que as pessoas procuram estabelecer relações de confiança com as marcas, transparência e legitimidade são os principais aliados. Em torno de todo CNPJ, dentro e fora, existem CPFs, pessoas de carne e osso, sonhos e sentimentos.

Ser transparente e legítimo é algo que se constrói dia após dia. Os resultados demoram um pouco para aparecer, mas têm um valor inestimável, pois quando as pessoas confiam, elas seguram firmes na sua mão e todos ficam mais fortes. O resultado é a multiplicação das forças.

Pavão hoje, espanador amanhã

Para desenvolver sua reputação será preciso muita humildade. Antes de mais nada, é preciso compreender que humildade não tem ligação com rebaixar-se, mas sim, saber que todos nós temos, e sempre teremos, limitações e espaços para melhoria. Mais do que isso, requer proatividade para sair da inércia e colocar em prática ações com o intuito de se tornar uma pessoa mais completa.

As melhores pessoas (e profissionais) que eu conheço são frutos de muita energia dedicada em crescer no âmbito de suas habilidades, souberam reconhecer onde havia espaço para evolução e, ao longo do tempo, agiram para melhorar.

Ouça feedbacks sem se colocar na defensiva, amplie sua visão de mundo, aprenda sempre e se conecte com as pessoas, pois nunca seremos completos o bastante.

Na minha trajetória como empreendedor, eu tive muitos mentores e conheci gente muito acima da média, muitos dos quais, ainda mantenho contato frequente até hoje.

Jamais devemos esquecer de quem nos estendeu a mão. Também não esqueça de quem te deixou na mão, sem acumular mágoas, mas aprenda com tais atitudes e você irá se tornar menos inocente. A vida nos ensina a sermos criteriosos quanto a quem confiar, um aprendizado muito valioso.

Eu sempre estive aberto para ouvir conselhos e fui muito ativo em aprender coisas novas. O mundo dos negócios funciona numa dinâmica muito veloz e, se você se acomodar, fica para trás. Facilmente, você se torna obsoleto e nem se dá conta disso.

O ecossistema empreendedor está bastante desenvolvido nos dias atuais, existem diversos atores em toda a cadeia de desenvolvimento de negócios, tanto para os estágios mais embrionários quanto para as fases de escala acelerada. Mas nem sempre foi assim.

Quando a Hiper estava caminhando para o seu segundo aniversário, tivemos a oportunidade de sermos selecionados para um programa de capacitação de startups, idealizado pelo genial Alexandre Souza, do SEBRAE de Santa Catarina. O programa Startup SC tem como objetivo capacitar empreendedores, com workshops e mentorias, gratuitamente, sem troca de participação acionária nem contrapartida financeira. Foi para a época, e tem sido até hoje, um dos pivôs do desenvolvimento do cenário de inovação e empreendedorismo digital no estado catarinense.

Foi algo transformador que abriu muito a mente de todos nós e teve papel crucial também para o amadurecimento da Hiper. Foi naquela época que conhecemos nossos primeiros mentores, começamos a nos relacionar com outros empreendedores e muitas portas se abriram.

Além do Startup SC, participamos de programas semelhantes realizados pela Endeavor, com o mesmo efeito prático quanto a aprendizado, relacionamento e impactos significativos na empresa. Atualmente, tanto os programas que citei, como muitos outros, existem para apoiar o desenvolvimento dos negócios e de suas equipes.

> *Recomendo olhar para esse tipo de iniciativa pelo fato de que você estará aprendendo com quem vive (ou viveu) problemas e situações semelhantes àquelas que você pode estar enfrentando.*

Nunca deixe de estudar e aperfeiçoar suas habilidades pessoais e profissionais e construir novas versões de si mesmo.

@TIAGO.VAILATI

Comece cedo a desenvolver uma rede de contatos qualificada, tanto com empreendedores que estejam em estágios semelhantes ao seu quanto empreendedores mais experientes, mentores e pessoas do seu mercado.

O efeito prático é um grande círculo virtuoso, formado por muitos exemplos de pessoas que ontem eram assistidas e hoje tornaram-se apoiadores, e onde as oportunidades vão fluir com muita naturalidade.

Ainda falando em conhecimento, vale a dica de não se limitar ao consumo de conteúdos relacionados somente ao seu campo principal de atuação. Procure manter-se ativo no consumo de conteúdo de áreas satélites à sua, pois você certamente se envolverá em temas que requeiram uma base para poder debater as ideias sem ficar em descrédito.

Aprender inglês é outro item fundamental. Além de se tratar de um idioma praticamente universal, abrirá muitas portas para você no ambiente profissional e dará acesso a um amplo horizonte de conteúdos que são disponibilizados exclusivamente, ou pelo menos inicialmente, em inglês. Um segundo idioma, preferencialmente o inglês, aumentará muito as suas chances de adquirir novos aprendizados e conhecer gente boa.

Nunca deixe de estudar e aperfeiçoar suas habilidades pessoais e profissionais, além de manter sempre o radar ligado para as tendências do seu setor e para conhecer outras pessoas, o que gera um ativo muito positivo para apoiá-lo na construção das novas versões de si mesmo.

Cultura é como as pessoas se comportam quando o chefe não está por perto.

@TIAGO.VAILATI

PRINCÍPIO 3
TENHA A CULTURA COMO SEU INGREDIENTE SECRETO

Todo grande cozinheiro tem seus segredos quando está criando seus pratos. O que faz certos chefs se destacarem é a maneira como combinam os ingredientes para chegar a sabores únicos e gerar experiências inesquecíveis para seus clientes.

E o que isso tem a ver com empreender e liderar? Para mim, de maneira análoga, existe um ingrediente secreto quando se pretende criar um grande negócio.

Grandes negócios não são medidos pelo número de pessoas, faturamento ou metros quadrados de suas instalações. Mais do que isso, grandes negócios são aqueles que impactam com expressividade seu mercado. No fim, o que importa de verdade é impactar e transformar. Para mim, empreender é isso.

O QUE TE IMPEDE?

O ingrediente secreto de todo empreendedor é a cultura. Uma cultura forte faz toda a diferença. Conseguir difundir uma cultura genuína, vivida de verdade no dia a dia é algo que dá um bom trabalho. É o que tempera cada negócio.

Na atualidade, as empresas têm dedicado muita energia em chamar a atenção das novas gerações de talentos. Com isso, acabam querendo implantar uma cultura mais despojada, serem (ou parecerem) mais modernas para atrair a nova safra de profissionais que almeja por conexões mais fortes com as empresas.

Não são poucos os casos em que percebemos empresas não tendo sucesso com suas iniciativas de estabelecer um código de cultura. É comum aplicarem um pacote padrão de ações, que normalmente contempla a criação de escritórios modernos, a quebra de alguns padrões que foram se estabelecendo com o tempo, como é o caso do *dress code*, que protocola a maneira como as pessoas devem se vestir, até chegar aos investimentos em opções de lazer e entretenimento para os funcionários.

> *O que faz certas iniciativas de cultura darem errado é que normalmente se esquecem do crucial: ser legítimo.*

Você não cria uma cultura sem respeitar critérios fortemente ligados à alma da empresa. Você começa documentando e entendendo os comportamentos válidos e aceitos e que já são praticados por você e pelas pessoas que fazem a empresa em dado momento.

Vou exemplificar com algumas provocações. Se as pessoas costumam se vestir de maneira mais formal e você decide "liberar" para alguns times poderem vir para a empresa vestidos de bermuda, camiseta e chinelo, como as pessoas reagem quando estão reunidas e chega um colega de bermuda e chinelo para participar da reunião? Decidiu-se que uma mesa de ping pong deixaria o ambiente mais bacana. Como são vistas as pessoas que estão jogando uma partida de ping pong às 15h, no meio do expediente? Se a ideia é aumentar a proximidade e eliminar o gelo hierárquico, o alto escalão topa deixar suas salas e outros afins e sentar-se no meio do time?

Se tais provocações não forem vistas como algo normal, se as pessoas acharem estranho, não adianta forçar, não há legitimidade. Não há mal algum em ser mais tradicional e assumir isso na cultura da empresa, se é assim que as coisas vão fluir melhor para o negócio, para o time e para gerar satisfação para os clientes.

O que acontece é que você atrairá pessoas que estejam em sintonia com a maneira como as coisas são, de fato, dentro da sua empresa. Não adianta ter uma bela capa se o conteúdo não atender às expectativas. Você precisa atrair as pessoas que queiram ficar e fazer parte.

Outro ponto crítico é que não se contrata uma consultoria para implantar a cultura. Não sou contrário ao fato de contar com o apoio de consultores para trabalhar a cultura. Mas entenda que cultura não é algo mecânico, não se implanta, cultura acontece. Nasce de dentro para fora a partir do momento em que as primeiras pessoas começam a juntar-se ao time. No decorrer das próximas páginas ficará mais claro para você como identificar e difundir a cultura dentro do time.

> *A cultura não é resultado de um esforço pontual, não deveria ser tratada como escopo de um projeto. Para manter a cultura viva é preciso dedicação constante. E tudo isso começa pelas principais lideranças.*

Antes de mais nada, a cultura precisa ser verdadeira, ser observada nas atitudes das pessoas todos os dias. Cultura é como as pessoas se comportam quando o chefe não está por perto. Além disso, cultura não é para todos, mas sim para aqueles que compartilham da missão e representam os valores.

Todo negócio tem uma cultura acontecendo. Alguns casos chamam mais a atenção, outros nem tanto. Não se preocupe em querer medir a cultura como boa ou ruim, a questão está em contar com uma cultura forte o bastante para que se torne um diferencial competitivo do negócio.

Quando bem trabalhada, é isso que acontece, você gera um grande diferencial. No mundo dos negócios é possível copiar quase tudo. Porém a maneira como as pessoas agem, pensam e fazem as coisas acontecer dentro das empresas é algo que não se copia. Isso só é possível com a motivação vinda de dentro de cada pessoa, bem onde a cultura impacta. Cada vez mais as pessoas querem fazer parte da construção de algo em que elas acreditam.

Cultura não é pufe e videogame

Um padrão nas empresas que dão certo é o alto nível de entrega e comprometimento do seu time. Neste caso, falo especificamente de poder contar com as pessoas certas. Nunca canso de repetir que gente boa faz acontecer.

Uma verdade para mim é que a cultura começa a se estabelecer por volta das primeiras 10 pessoas que integram o time, bem no começo do negócio. É nesse ponto que se começam a criar os padrões de comportamento e os valores fundamentais para que aquele time se torne campeão e consiga levar a empresa para os próximos estágios.

Um erro grave de muitos líderes é querer forçar uma cultura. Cultura é algo orgânico e não temos controle sobre o tempo que levará para se estabelecer. Tem mais, uma vez presente, nunca para de sofrer mutações para melhor ou para pior.

Cultura é o resultado da mistura de gente em sintonia. Pufes, videogame, paredes coloridas, escritórios modernos e cheios de frufrus não é regra. Pode confiar que ajudam, mas são, no máximo, ferramentas para dar leveza e criar um bom lugar para o convívio daqueles que, de fato, são os protagonistas da cultura.

Inovação e cultura não são influenciadas por escritórios modernos. Prova disso é que as startups são responsáveis por grandes disrupções mundo afora. Muitos mercados foram completamente transformados por empresas como Microsoft, Apple, Google,

Uber, Nubank, Airbnb, entre muitas outras, quando ainda eram apenas startups.

Agora reflita comigo: como são, normalmente, os ambientes das startups no começo de suas vidas? É comum que sejam ambientes sem sofisticação nenhuma, cheios de improvisações, mas com gente engajada e a fim de fazer as coisas acontecerem. São nessas condições que surgiram culturas fortíssimas, legítimas e de onde saíram grandes negócios.

Essa é a maior prova de que escritórios modernos e cheios de frufrus não são determinantes para a inovação acontecer, muito menos promotores de uma cultura forte.

O que interessa é a essência das pessoas, suas atitudes e o conjunto de valores que somados vão direcionar o comportamento. Tudo pode ser copiado, menos o que cada pessoa, de maneira especial, acrescenta ao negócio.

Do que você não abre mão?

Transparência, ética, honestidade, responsabilidade, comprometimento, resultados, união, determinação, garra...

Esses são valores comuns de serem encontrados expostos nas paredes de muitas empresas. Até mesmo naquelas que ficaram conhecidas pelos escândalos de corrupção da história recente do Brasil. São apenas palavras e serão sempre palavras.

Tenha a cultura como seu ingrediente secreto

O grande desafio de difundir uma cultura que firma suas raízes por toda a empresa é elencar os valores essenciais, que estarão acima de tudo e dos quais jamais se abrirá mão. O mais importante é ser autêntico, verdadeiro na prática e não apenas filosofal.

O conjunto de valores de uma empresa nasce a partir da definição de "o que vale" e "o que não vale" na execução do negócio. Do que você não abre mão?

Pegue uma folha em branco e faça esse exercício. Olhe para as pessoas que fazem parte do seu time e pense sobre o que essas pessoas apresentam de atitudes e comportamentos que fazem o negócio ser o que é.

Não espere que a cultura seja vivida por 100% das pessoas, durante 100% do tempo. Mas ela será o grande guia para o comportamento delas. Todos nós temos fraquezas e cometemos desvios de conduta. No dia a dia de uma empresa, a cultura deve determinar dois limites: o que vale e o que não vale. Será através dos valores expressos no código de cultura da empresa que você começa a transmitir o que é aceito e, da mesma forma, o que não será permitido na conduta das pessoas.

Dedique um tempo para criar o código de cultura, você dará o primeiro passo para dispor do ingrediente secreto da sua empresa, o que a fará diferente das demais.

O QUE TE IMPEDE?

Quais são os valores presentes hoje no time e no negócio? Tome cuidado para não direcionar sua atenção para o que você "gostaria que fossem" os valores. Convide outras pessoas para esse momento e não se limite aos sócios. A visão de mais pessoas em conjunto ajuda a enxergar a realidade com mais clareza.

Eu não tenho dúvidas de que você não listará muito mais do que dez valores essenciais. Um bom número gira em torno de cinco. Não se preocupe com a quantidade, o que tem validade é o que está presente de fato no dia a dia da empresa. O resto é romantismo e jogará contra você se não tiver conexão direta com o que realmente tem significado para o negócio.

Tenha em mente que os valores que servirão de base para a cultura da empresa vão estar muito relacionados com as pessoas que já fazem parte do time e, principalmente, dos fundadores.

Uma vez definidos os valores básicos, documente. Faça do jeito que melhor fizer sentido para você e para o seu time. Uma boa prática é criar um documento chamado "Código de Cultura", caprichando no visual para ficar atrativo, no qual são apresentados valores com um certo nível de detalhes. Não esqueça que o objetivo é deixar claro para as pessoas quais são os valores do negócio e não apenas ser inspiracional.

Eu recomendo fortemente que, junto com cada um dos valores, seja descrito quais são os comportamentos e atitudes esperados que representam aquele valor. Dessa forma, evitam-se as interpretações equivocadas, algo muito comum de ocorrer.

Na Hiper, nosso código de cultura atual é formado por oito valores e está aberto para todos no site da empresa.

Ser simples e enxuto;

Trabalhar por resultados;

Fazer o seu melhor;

Ser humilde;

Espírito de tribo;

Faz o gol quem pede a bola;

Ser otimista;

Seja íntegro.

Como exemplo, vou apresentar três valores do Código de Cultura da Hiper, para você entender como descrevê-los de forma objetiva e de modo que reforce as atitudes que refletem cada um dos valores que farão parte do código de cultura da sua empresa.

Começo com um dos valores que mais admiro: "Fazer o seu melhor." Apresento exatamente como está documentado no Código de Cultura da Hiper, que junto ao texto apresenta uma imagem do eterno Ayrton Senna, um grande exemplo de atleta e profissional que buscava dar o seu melhor, com garra, determinação e capricho.

O QUE TE IMPEDE?

Em seguida, trago "Ser Simples e Enxuto", que reflete a mentalidade de manter as coisas simples e eliminar a burocracia, e "Espírito de Tribo", que representa a maneira como convivemos em time ou, como chamamos na Hiper, a tribo.

Fazer o seu melhor

De nada adianta produzir resultados, mas fazê-los de qualquer jeito. Fazer o nosso melhor está diretamente ligado a colocar capricho em tudo o que fazemos.

Acreditamos na filosofia do máximo de esforço possível, ao invés de fazer o mínimo necessário. Dessa forma, devemos buscar sempre superar os resultados sem se limitar a objetivos fixos, aqueles que nos fazem parar quando alcançamos.

A zona de conforto não é o lugar onde as grandes conquistas acontecem. Por isso, estudamos, aprendemos e aplicamos novos conhecimentos todo dia.

...

Ser Simples e Enxuto

Não podemos nos acomodar com a forma como as coisas são feitas e não dar espaço para o discurso de que "sempre foi assim", para que tenhamos uma empresa leve, simples e enxuta no longo prazo.

As coisas vão se tornando complexas com o passar do tempo. Por isso, precisamos rever constantemente nossos processos buscando eliminar tudo o que for burocrático para sermos mais eficientes.

Para tudo o que fazemos, devemos mirar na causa dos problemas e pensar em soluções simples: fáceis de entender, viáveis para fazer e para manter. Problemas simples requerem soluções simples.

Prefira linguagem e formato simples para nos comunicarmos: reuniões informais e papel e caneta funcionam muito bem.

...

Espírito de Tribo

Queremos dividir nossos dias com pessoas que ajudam os colegas, independente da área de atuação, nas atividades e nos desafios dentro e fora da Hiper.

Comemoramos nossos resultados e conquistas, dos pequenos aos mais expressivos e usamos "NÓS" ao invés de "EU" quando falamos de resultados.

Prezamos pela cordialidade com quem é do time e com os visitantes que chegam à nossa casa. Para ser dos nossos, você precisa respeitar as pessoas independente da idade, religião, cor da pele, orientação sexual, condição social e política.

Mais que um time, somos uma tribo.

Nossa bandeira é a felicidade.

Qualquer pessoa tem acesso livre ao código de cultura da Hiper. Está posicionado na área de carreiras do site, imediatamente antes do local onde as pessoas consultam as oportunidades de emprego.

A ideia é deixar claro como é o jeito de ser da empresa antes da pessoa se aplicar para uma vaga de emprego. Se o candidato enxergar conexão, tudo certo para seguir em frente e buscar uma oportunidade no time. Caso contrário, tudo certo também. Afinal, a cultura é feita por pessoas em sintonia. Logo, nada mais coerente do que atrair apenas pessoas que se identificam com a cultura da empresa.

A cultura é o jeito de ser do negócio. Será representada pelas pessoas, como agem, como pensam e como jogam o jogo em conjunto. Na prática, o efeito extrapola o âmbito profissional e acaba tendo reflexo, inclusive, na vida pessoal de cada integrante do time.

Não se apegue a criar um código de cultura com base no que outras empresas fizeram. Existem muitos exemplos disponíveis, mas não caia na ilusão de tomar como base o que está contido no código de cultura de outra empresa.

A base deve ser o que realmente tem significado para o seu negócio. Com isso, você terá condições de cercar-se de pessoas que compartilham dos mesmos valores para viver a jornada com você. Estar rodeado de pessoas alinhadas faz muita diferença.

Leve muito a sério isso, princípios e valores devem ser inegociáveis. Um bom código de cultura, documentado e presente de fato no cotidiano da empresa, serve como uma espécie de cola, unindo as pessoas de maneira que haja uma grande sintonia diante dos obstáculos, sucessos e fracassos que farão parte da jornada.

Todos dançando ao redor da mesma fogueira

Nas empresas, de uma maneira geral, gasta-se muita energia com as coisas e pouca com as pessoas. Por isso existem muitas empresas sem alma. Estão cheias, mas ao mesmo tempo vazias. As pessoas querem criar algo em que acreditam e, consequentemente, vão acreditar naquilo que estão criando.

Na Hiper, fomos criando uma série de rituais para manter sempre acesa a chama da cultura. Um deles é o Culture Day, um dia no mês em que eu me reúno com oito pessoas do time para falar sobre o nosso código de cultura.

Uma troca de ideias informal e participativa, onde ouço do time suas percepções, exemplos e aprendo muito sobre como é o dia a dia estando nos seus lugares. Sem glamour, sem firulas, sem comes e bebes, apenas sentar-se formando um círculo, olho no olho e conversa.

Existe um peso enorme em perceber que um dos fundadores do negócio, mesmo ocupando uma posição de grande responsabilidade, dedica seu tempo para reunir-se com pessoas do time para conversar. Isso mesmo, nada mais do que conversar sobre o que é fundamental, sobre o que se acredita e, principalmente, ouvir a percepção das pessoas sobre a cultura.

Para sermos dignos de grandes coisas, devemos ser humildes para fazer coisas simples. Educamos muito mais por meio do exemplo.

@TIAGO.VAILATI

Para sermos dignos de grandes coisas, devemos ser humildes para fazer coisas simples. Educamos muito mais por meio do exemplo. Dividir a jornada com pessoas que se dedicam de fato ao propósito do negócio é um grande privilégio e, boa parte disso, depende apenas da atenção dada para o time.

Outra ação da Hiper que contribui muito para manter as pessoas alinhadas com o que está acontecendo na empresa e para onde se está caminhando é a Reunião 360°, um encontro semanal que dura em torno de 1 hora e junta todas as pessoas do time às sextas-feiras, no final da tarde.

No ano de 2016, quando nosso time era formado por algo em torno de 40 pessoas, implantamos na Hiper a realização de uma reunião semanal com todo o time, batizada por nós de Reunião 360°, fazendo conotação a um giro (360°) a respeito do que aconteceu, o que estamos fazendo e para onde estamos caminhando.

Os encontros, eventualmente, começam com alguém do time falando algo sobre a cultura ou contando sua história na empresa. Se há algum integrante novo no time, aproveita-se para apresentar para os demais. Da mesma forma, explana-se sobre alguma pessoa que tenha deixado a empresa.

Em seguida, entra-se na pauta semanal composta de temas que devem ser alinhados com o time, sugeridos e definidos pelas lideranças, e envolvem os próximos passos da empresa, bem como projetos em andamento.

Na pauta semanal, abre-se espaço para o giro de produto, uma pauta composta de temas relacionados a projetos e lançamentos do time de produtos. Nessa ocasião, são feitas minidemonstrações para que o time conheça o que será lançado para o mercado. Serve como um primeiro contato para as áreas, algo que contribui muito para o trabalho das áreas, principalmente atendimento e vendas.

Um ponto forte da cultura da Hiper sempre foi a transparência e a Reunião 360º tornou-se uma ferramenta muito poderosa para alinhamento entre as pessoas, de todas as áreas e todos os níveis.

Semanalmente, o time é atualizado dos resultados quantitativos, tais como novos clientes conquistados e outros indicadores de grande importância para o crescimento do negócio. Após os indicadores principais, são apresentados os pontos qualitativos, momento que chamamos de *"Great, Good, Bad and Ugly"*.

Dos piores acontecimentos ("ugly" e "bad") para os melhores ("good" e "great") são apresentados os fatos que marcaram a semana de maneira qualitativa. Um vacilo com algum cliente, onde erramos e, da mesma forma, onde acertamos, e quais conquistas merecem destaque. Comemorar as pequenas coisas tem um efeito muito positivo. São várias delas, quando somadas, que dão significado ao sucesso.

O fechamento dessas reuniões é realizado por mim, no papel de CEO. Assumo o momento com o intuito de transmitir alguma mensagem de alinhamento estratégico para todos. Seja a respeito dos passos seguintes que a empresa executará, algum lançamento ou alguma questão referente à cultura e engajamento.

Para finalizar, deixamos o microfone aberto para alguém comentar um dos fatos abordados na reunião, deixar um recado para todo o time ou fazer uma pergunta para algum dos diretores e gestores da empresa.

E o mais bacana, no final, qualquer pessoa pode enviar um "*Go Hiper*" para alguém, um elogio ou reconhecimento sobre alguma atitude que outra pessoa tenha feito durante aquela semana. Muita coisa bacana já foi exposta e os reais autores foram reconhecidos por seus pares. É bonito de se ver.

O último ato de toda Reunião 360° é um grito coletivo "*Go Hiper*", com o punho fechado, que certamente é ouvido por toda a vizinhança e transborda uma energia inigualável para fechar mais uma semana de trabalho em conjunto.

Em meados de 2021, fizemos uma brincadeira para contabilizar quantas edições da reunião já haviam sido realizadas até então. Lançamos um quiz onde o time palpitava. Para surpresa de todos, entre 7 de outubro de 2016 e 16 de julho de 2021, tinham sido realizadas 220 edições da reunião geral. Um exemplo espetacular de disciplina e consistência do ritual.

O essencial é garantir que as pessoas estejam juntas, em sintonia, dançando ao redor da mesma fogueira, com o mesmo ideal na mente. Ter certeza de que 100% do time estará na mesma frequência, no mesmo gás é algo que não está sob nosso controle. Mas, atuar para que o maior número de pessoas esteja na página certa, com o pensamento alinhado, é o que está ao nosso alcance.

Para isso, basta ser criativo, pensar em ações para difundir a cultura e, mais do que tudo, executá-las com disciplina e paixão. Quando você faz algo para alguém, você faz com mais compromisso.

O QUE TE IMPEDE?

Com o crescimento acelerado da empresa, nós decidimos criar um evento exclusivo para o nosso time, realizado anualmente, com enfoque em autoconhecimento e desenvolvimento pessoal e do espírito de tribo, onde o coletivo e o individual atuam em sintonia.

Batizamos o evento de Hiperação, um evento desenhado para o time Hiper, que é dividido em quatro equipes, com nomes, bandeiras e gritos de guerra criados pelas próprias equipes, que participam de atividades práticas, onde desenvolvem e aprimoram liderança, comunicação e trabalho em conjunto.

Coordenado por profissionais especializados, o dia reúne um conjunto de atividades vivenciais altamente dinâmicas, criadas e aplicadas de forma estratégica, que exigem dos participantes atitude, integração, comunicação, trabalho em equipe e tomada de decisão na superação dos desafios propostos.

Ao final de cada atividade é realizada a análise de resultados e uma reflexão alinhada aos comportamentos vivenciados e aos temas e desafios comportamentais.

O conceito é que não haja competição entre os times, mas sim colaboração mútua. Embora as atividades gerem pontuação para os times, no final do dia, a vitória depende do bom desempenho de todas as equipes.

Numa das edições, a temática foi a conquista da cadeira do líder, que seria alcançada se fossem acumulados 60 mil pontos durante o dia, o equivalente a 15 mil pontos para cada uma das quatro equipes.

No final do evento, nem todas as equipes chegaram à pontuação, porém, somando-se os pontos de todas as equipes, coletivamente, chegamos aos 60 mil pontos, conquistando a cadeira do líder.

A visão macro é de que não adianta um time atingir suas metas de maneira individual. Um time precisa ajudar um outro que pode estar com dificuldades, afinal o sonho grande é de todos e deve ser conquistado de maneira coletiva. Tudo a ver com o momento pelo qual passávamos naquele ano, quando estávamos introduzindo a nova geração do nosso produto no mercado, enfrentando inúmeros desafios, com cargas distintas para cada área da empresa.

Ainda se tratando de difundir a cultura, adotamos uma abordagem diferente para o tradicional time de endomarketing, algo comum nas empresas quando o objetivo é criar ações para engajar as pessoas.

Criamos um time multidisciplinar e batizamos de Jeito de Ser, formado por pessoas de diversas áreas e papéis, resultando em características pessoais bastante diversas, contando também com a minha participação como CEO e fundador.

Nossa agenda era bastante simples. Tínhamos o compromisso de nos reunir mensalmente para organizar um plano de trabalho e debater ações para difundir a cultura na Hiper. Desde ações focadas no clima, eventos internos, até a criação de campanhas para trabalhar temas vinculados à nossa cultura, como respeito, humildade e compromisso com os resultados, por exemplo.

Não gosto da abordagem que se convencionou para o endomarketing, pelo fato de que o compromisso com a cultura é interpretado como sendo algo delegado aos times de recursos humanos e marketing. A meu ver, a difusão da cultura deve estar na mente de um time multidisciplinar e não pode deixar de contar com a participação ativa das principais lideranças da empresa.

Uma bela embalagem chama a atenção e tem o poder de nos conquistar. Mas é o conteúdo que nos mantém consumindo. Atrair alguém para o time não é a missão mais difícil. Para cercar-se de gente boa e que esteja disposta a construir o sonho grande com você é preciso dar muita atenção para o convívio.

Esqueça o peru de Natal e uma bela festa de final de ano se você não dedicar boa parte do seu tempo durante o ano em garantir que todos estejam dançando ao redor da mesma fogueira.

Cuidar das pessoas requer dedicação. Dedicação diária, semanal, não ações isoladas. Dedicação genuína transforma você em referência. Cansa, consome tempo, mas é o que os melhores líderes fazem com maestria.

Plante a semente em cada pessoa

O segredo por trás de uma cultura forte e verdadeira é o grau de envolvimento do time. Cultura é o jeito de ser da empresa e quem faz na prática são as pessoas. Ela precisa ser transmitida de pessoa a pessoa.

Da mesma forma que para acender cem velas, você precisa de apenas uma vela acesa para acender todas as demais. Tudo começa no primeiro contato que cada pessoa tem com a empresa. Isso acontece já na fase de seleção e dura por todo o período de relacionamento com a empresa. Não vou aprofundar sobre a seleção de pessoas aqui, pois eu abordo em detalhes no capítulo sobre formação do time.

Ao trazer alguém para o time, você busca por características, como conhecimento técnico, habilidades comportamentais e atitudes que tenham sinergia com o que se espera para a posição em questão.

O desafio em relação à cultura é que você dificilmente conseguirá levantar todos os pontos de avaliação para assegurar-se de que aquela pessoa tem conexão com a cultura da empresa. Sempre ficará uma margem para ser comprovada com o convívio, após a pessoa integrar-se ao time.

Está com a empresa a responsabilidade de acender a chama da cultura no coração logo no primeiro dia de trabalho. Depois disso, o compromisso é manter a chama acesa.

Algo indispensável para se construir um time alinhado com a cultura é um bom programa de recepção e integração dos novos membros do time. A carga cultural começa a acontecer na etapa de integração, nos primeiros dias da jornada no time.

Na Hiper, nosso processo de integração é dividido em duas etapas. A primeira, com duração de três dias, é focada em trazer os novos integrantes do time a bordo, chamados por nós de *Hipers*, dando a eles uma visão sobre como a empresa funciona, apresentando a cultura, os processos principais e nossos produtos, ritualizando dessa forma a entrada de fato da pessoa para o time.

A segunda etapa compreende a integração da pessoa ao seu time, customizado de acordo com cada função, onde toma-se conhecimento dos processos da sua área e recebe o treinamento para desempenhar seu papel, juntamente com as ferramentas de trabalho.

No primeiro dia, os novos *Hipers* são recebidos com um kit de boas-vindas, contendo itens com características e frases vinculadas à transmissão dos valores da cultura, como camisetas, adesivos e outros acessórios para o uso no dia a dia.

Além do kit, criamos uma maneira cordial e espontânea de mandar boas energias para quem estava vindo para somar ao time. A mesa de cada novo *Hiper* era decorada com mensagens de boas-vindas de todos os membros da equipe.

Após a recepção, os *Hipers* passam por um primeiro bate-papo com um dos gestores do time que faz uma pequena apresentação da empresa, mostra os pontos com os quais nos preocupamos e ao final da conversa, conduz uma visita pela estrutura, apresentando os times e o espaço de trabalho.

A programação segue com um bate-papo conduzido pelo CEO, cujo assunto é o Código de Cultura da empresa, com objetivo de explanar os valores que fazem parte, trazendo exemplos e transmitindo a visão do que se espera em termos de alinhamento dos novos *Hipers* para com o jeito de ser da empresa.

O restante das atividades da integração diz respeito às diretrizes do departamento pessoal da empresa, a assinatura do contrato de trabalho, termos de responsabilidade e apresentação das ferramentas gerais de trabalho, como contas de e-mail, telefonia e softwares de produtividade e organização.

A partir do segundo dia de integração, fazemos questão de entrar numa atividade muito enriquecedora. Os novos *Hipers* se dividem em grupos para criar seu próprio negócio utilizando os produtos da Hiper. A ideia é fazer com que vivam uma experiência próxima àquela vivida pelos nossos clientes, ao contratar, implantar e fazer a gestão do seu negócio com os nossos produtos.

No terceiro e último dia da integração, a atividade prática é finalizada com uma apresentação para um grupo de pessoas do time. Além de exibir os resultados do exercício, são apresentados pontos positivos e negativos observados durante a sua experiência, além de melhorias sugeridas para o software e também para a integração como um todo.

O que ritualiza a entrada dos novos *Hipers* ao time de fato é uma ação executada no final do terceiro dia de integração. Cada pessoa recebe uma foto sua para fixar no painel de talentos da Hiper.

O painel de talentos é uma espécie de mural, formado por cordas que servem para fixação das fotos de todos os integrantes do time. O sentido maior está no fato de que uma vez sendo fixada uma foto lá, nunca mais ela é retirada, mesmo quando a jornada da pessoa chega ao fim. Para nós, sempre foi muito valioso lembrar de quem andou do nosso lado.

Todas as pessoas que estão no painel de talentos entraram na Hiper num momento da empresa, viveram uma jornada conosco, já encerraram ou um dia vão encerrá-la e, certamente, a Hiper estará num outro patamar, num outro tamanho. Cada pessoa contribuiu para esse crescimento. Esse é o espírito do painel de talentos, lembrar para sempre de quem fez a empresa acontecer.

O último ato da integração era a apresentação de cada novo integrante do time na nossa reunião semanal com todo o time, a Reunião 360°.

Cultura comanda nas horas difíceis

Momentos difíceis fazem parte de todo negócio. Situações desafiadoras, obstáculos e fases em que tudo parece estar perdido vão acontecer. Todo empreendedor tem a sua própria coleção de histórias difíceis para compartilhar.

Já parou para refletir sobre quem são as pessoas no seu time com quem você pode contar nas horas difíceis? São nesses momentos, onde o desafio é grande demais para ser encarado sozinho, que a cultura aparece. São nas horas difíceis que as pessoas demonstram o envolvimento sincero com o negócio, tomam o desafio como seu e encaram com raça. Isso é o que eu chamo de sangue nos olhos.

Nas horas difíceis, muitas pessoas optam por abandonar o barco, criticam, contaminam o ambiente com pessimismo. Para pessoas com sangue nos olhos, jogar a toalha e desistir não é uma alternativa.

Algo que marcou profundamente a minha trajetória como empreendedor foi o enfrentamento da grave crise de saúde e econômica provocada pela chegada da pandemia do coronavírus (conhecida como Covid-19) nos primeiros meses de 2020.

O ano de 2020 tinha sido escolhido por muitos empreendedores como o ano para se colher bons frutos, havia uma carga elevada de otimismo e expectativas associada a ele. Era para ser o ano da retomada da economia após uma das maiores crises que o Brasil havia enfrentado.

De repente, começamos a lidar com uma situação que ninguém esperava, um inimigo invisível, que chegou até nós sem avisar. Com a disseminação do coronavírus Brasil afora, vivemos alguns meses de isolamento social, estabelecimentos comerciais fechados, mudanças drásticas na rotina das pessoas, além dos riscos à saúde e as consequências na economia.

Situações como essa nos forçam a rever como fazemos as coisas e mudar nossos hábitos.

Empresas como a Hiper, que conseguiam manter suas operações por meio do home office, adotaram esse regime de trabalho em larga escala. Nós ficamos com 100% do nosso pessoal trabalhando de casa por várias semanas, atravessando alguns meses.

No período em questão, ficou nítido o poder de termos construído uma cultura forte na empresa, pois tivemos que mudar repentinamente a maneira de trabalhar, fazendo todas as nossas atividades a distância. Foi um teste de fogo para o meu conceito pessoal de cultura, com as pessoas mantendo seu jeito de ser, mesmo a distância.

Estávamos conseguindo manter todos os processos e as vendas continuaram acontecendo, mesmo diante dos grandes desafios provocados pelas incertezas da pandemia. Naquele momento, adotamos uma postura de jogar no ataque, com muita vontade de estarmos de pé quando todo o pior passasse.

Lançamos novas funcionalidades nos nossos produtos para adequar-se aos novos hábitos de consumo, mudamos a maneira de gerar demanda para os times comerciais e colocamos em prática inúmeras outras ações, em todas as áreas, para ajustar-se aos novos tempos. Batemos muitas metas, mesmo com todos os percalços.

Eu tenho uma conclusão a respeito do que fez com que conseguíssemos bons resultados diante de tamanho desafio: mais do que o home office, todos estavam movidos por um grande objetivo, que estava claro e internalizado em todos, fazendo com que a motivação viesse de dentro para fora: superar aquele grave momento sem ver o negócio desmoronar.

Quando se tem uma cultura verdadeira e pessoas alinhadas com ela, o reflexo é esse: comprometimento, dedicação e disciplina, visíveis na forma de resultados.

Nessas horas, você percebe quem está com os dois pés no barco, quem está de fato comprometido. São em momentos como esse onde aqueles que não acreditam de verdade no que se está construindo são os primeiros a achar um motivo qualquer para abandonar o barco.

Houve ocasiões em que a mensagem central de nossos alinhamentos com o time era um pedido para continuarem firmes, pois acreditávamos muito que estávamos no caminho certo.

Mas também são nestas horas que os pessimistas ganham evidência. Seu discurso parece fazer sentido, afinal, muitas coisas estão realmente dando errado. Mantenha a escuta ativa, identifique os pessimistas e convide-os a partir. Não deixe que pessoas assim façam parte do seu time. Essas pessoas não merecem aplaudir e comemorar quando a vitória chegar. É fácil torcer para o time quando ele está ganhando. É prazeroso ser do time dos vencedores, mas fidelidade vai muito além disso.

Por várias vezes nos sentíamos carregando um fardo pesadíssimo. Em outros momentos, todos segurando firme para não cair em alto mar. De fato, estávamos no meio de um grande furacão, sem saber quando tudo aquilo passaria.

Nessa hora, tudo o que você precisa é foco e disciplina. Foco para não perder o rumo e disciplina para encarar o desafio, mantendo-se firme na execução, fazendo o que precisa ser feito.

Alguns meses depois, chegou um momento em que as coisas começaram a estabilizar e passamos a nos readaptar a um novo normal. Passamos a viver numa normalidade diferente daquela que estávamos acostumados.

Esta é uma bela história de comprometimento e amor à camisa. Mas você lembra do que abordei sobre a verdadeira essência da cultura?

Pois bem, a prova real é que a cultura aparece nas horas onde o comprometimento é fundamental. Isso não vem dos ambientes sofisticados e cheios de frufrus. Vem de gente boa, com sangue nos olhos e alinhada com os valores da empresa.

Entre sangue nos olhos e genialidade, eu recomendo ficar com a primeira opção. Pessoas geniais têm grandes ideias, sabem opinar e apresentar soluções. Pessoas com sangue nos olhos, de verdade, são raçudas, tem paixão por conquistar e jogam-se por completo para encarar o que for preciso, independentemente do tamanho das dificuldades.

Acredite no poder de pessoas raçudas, mesmo que não sejam as mais geniais. Verdadeiros gênios são aqueles que foram perseverantes o bastante para não desistir quando se depararam com fracassos. Jamais alguém que desistiu ocupou o lugar mais alto de um pódio.

De repente, de qualquer lugar

Se pararmos por um instante e olharmos para trás, navegando na linha do tempo da história da Hiper, chegaremos ao dia 17 de março de 2020, quando tudo começou a mudar.

Uma lembrança, que me marcou muito, vem de uma das minhas falas feitas naquele dia durante a reunião geral onde era anunciado nosso plano de ação para lidar com a pandemia do coronavírus (Covid-19) que havia recém-chegado ao Brasil e, intensificado de forma exponencial, poucos dias antes.

Diante dos olhares atentos de todo o time Hiper, mencionei que, ao final daquele dia, todos nós colocaríamos o escritório na mochila e, a partir do dia seguinte, a operação da Hiper passaria a ser executada dos nossos lares, onde nossa saúde estaria mais protegida. Finalizei de forma otimista, dizendo que acreditava que em 2 a 3 meses, poderíamos voltar ao normal... doce engano.

Normal. Essa foi a palavra mais ressignificada ao longo dos meses seguintes e, na minha visão, não vai parar de ser questionada tão cedo.

Na Hiper, sempre fomos uma empresa em constante mudança, algo entranhado na nossa cultura. Testar coisas novas, arriscar fazer diferente, buscar alternativas, só assim é possível evoluir. Quando achamos que está bom o suficiente, paramos de melhorar.

Confesso que fiquei muito assustado com toda aquela situação. A empresa passou a ser feita de forma distribuída, um pedacinho da operação sendo feito da casa de cada pessoa do time, em inúmeras cidades do país, com o desafio de fazer tudo se conectar com a harmonia que até então era vista na nossa nave-mãe.

📌 *Mas... funcionou.*
E devemos muito à cultura Hiper.

Você já sabe que cultura é como as pessoas se comportam quando o chefe não está por perto. É bem nesse ponto que a cultura falou mais alto. De uma hora para outra, estávamos todos na intimidade de nossos lares, sem a possibilidade da observação mútua. Cada um com a missão de fazer a sua parte, com amor e respeito à camisa.

📌 *No fim do dia, o que importa é isso: cultura e gente boa.*

Sobre a importância de contar com gente boa, tivemos outros bons aprendizados. Experimentamos contratar pessoas de outros lugares, passamos a alcançar bons talentos, pessoas com grande conexão conosco, independentemente de onde elas vivem. Em pouco tempo, enriquecemos ainda mais nosso time com pessoas de todas as regiões do país, trabalhando de forma remota.

E por que não manter tudo isso para o futuro? Por que não? É a partir de provocações como essa que surge a inovação. Inovação, neste caso, em qualidade de vida.

Com menos tempo desperdiçado com viagens e com o vai e vem para estar presente em atividades que se provaram ser tão bem executadas de forma remota, passamos a viver mais tempo com a família, ver os filhos crescerem, otimizar a agenda e ter mais tempo de sobra. Tempo para viver melhor.

Foi em 2021 que lançamos o novo formato de trabalho da Hiper, um projeto que recebeu o nome de Hiper de Qualquer Lugar. Assumimos que não precisaríamos mais estar todos presentes no mesmo espaço físico para fazer a Hiper acontecer. Não apenas de casa, passamos a trabalhar do café, do coworking, de qualquer lugar.

O que é importante citar aqui é que tudo isso foi possível, devido à cultura que desenvolvemos na Hiper, algo que manteve as pessoas gerando resultados, atentas às oportunidades, fazendo o seu melhor, sem perder a essência de ser simples e enxutos, com espírito de tribo, humildade, otimismo e integridade.

Se com o passar do tempo chegarmos à conclusão de que conseguimos construir um grande time para fazer a melhor empresa para nossos clientes, para as nossas pessoas e para o Brasil, considero que esse foi mais um dos projetos que servem de exemplo e ficam como legado dessa maravilhosa jornada da Hiper.

Gente boa faz acontecer, tem resiliência, nem sempre vence de primeira, mas encontra os caminhos para chegar ao resultado.

@TIAGO.VAILATI

PRINCÍPIO 4
GENTE BOA ANDA COM GENTE BOA

Todo negócio que deu certo veio de uma ideia bem executada. A ênfase na afirmação anterior está em executar bem e não em ter uma boa ideia. Excelência na execução só é possível com gente de alto nível. Como prefiro chamar: gente boa.

Gente boa faz acontecer, tem resiliência, nem sempre vence de primeira, mas encontra os caminhos para chegar ao resultado. Gente boa sabe que não consegue mudar a direção do vento e foca ajustar as velas para conduzir o veleiro ao seu destino.

Por outro lado, gente mediana normalmente está cheia de ideias de como chegar ao destino, mas é comum vê-las ficando pelo caminho. E tem também um terceiro grupo, os que culpam o vento. Estes dispensam comentários.

Na hora de recrutar, como saber se você está frente a frente com gente boa?

Primeiramente, decidir sobre a contratação de um novo integrante para o time não deve ser uma decisão isolada, muito menos estar restrita à área de recursos humanos. Um processo eficiente de recrutamento e seleção deve ser formado por algumas fases que envolvem desde a avaliação técnica ao alinhamento com a cultura do negócio. E para isso é indispensável a opinião de várias pessoas.

Na prática, recomendo que todo candidato seja avaliado por: (a) alguém do time de recrutamento; (b) pelo seu futuro gestor direto; (c) por duas pessoas do time e; (d) pelos fundadores ou alguém da esfera estratégica. Por fim, junte todos os envolvidos para uma rodada de pareceres, com o intuito de chegar a um consenso sobre a contratação (ou não) do candidato, com base nas suas percepções sobre o alinhamento com a cultura da empresa além da avaliação das competências técnicas, normalmente validadas com um desafio ou teste prático. Nunca uma decisão isolada.

Envolver os fundadores em todo recrutamento? Parece impraticável para você? Atrair gente boa é vital para todo negócio e essa deve ser uma das especialidades das principais lideranças. Durante os 9 primeiros anos da jornada da Hiper, eu participei do processo seletivo. Foram poucas as vezes que não pude entrevistar candidatos ao nosso time, normalmente quando estava em agendas externas à empresa. Nesses casos, um dos outros fundadores substituía-me e eu buscava participar da rodada de definição, para ouvir os pontos de vista.

Com o crescimento do negócio, é provável que se torne mais complexo conciliar a participação dos fundadores do negócio em todo processo seletivo. Contudo, reforço que é de grande importância o envolvimento de alguém da esfera estratégica, que está imerso na visão do negócio e que conseguirá transmitir isso ao candidato e expressar seu parecer quanto ao alinhamento aos valores fundamentais da cultura da empresa.

> *Na minha visão, faz muito sentido todo esse envolvimento.*
> *Um time de alto nível se forma selecionando com todo cuidado pessoa por pessoa.*

Não há certeza de sucesso no processo seletivo, por mais criterioso que o processo possa ser. Mesmo quando executado por profissionais experientes, sempre existirá a chance de trazer para o time profissionais que não vão performar conforme o esperado, seja em termos de resultados ou por engajamento com a cultura.

Tão representativo quanto ser criterioso no processo de seleção é agir logo quando identificar que o profissional não era o que se esperava. Gente boa chega, integra-se ao time e logo está jogando, e jogando bem.

Mas, quanto tempo deve se esperar para um novo talento mostrar resultado? Quando se trata de gente boa, nos primeiros 45 dias você terá certeza. Noventa dias, no máximo. O tempo de rampa de gente de alto nível é rápido, flui com naturalidade e te deixa orgulhoso. Você terá certeza quando estiver avaliando gente boa. Gente mediana te faz refletir, te deixará com dúvidas.

O QUE TE IMPEDE?

Nos primeiros 45 dias, você perceberá se aquele novo integrante do time chamou para si mais desafios do que você esperava ou entregou mais do que vocês haviam traçado como objetivo. Além disso, é bem provável que os pontos a evoluir serão muito pontuais. Se restarem poucas dúvidas, considere 90 dias para fechar a avaliação.

Até estar confortável com o hábito de demitir tão logo entenda que não acertou na seleção, você fraquejará, você dará "mais uma chance" por acreditar que será possível reverter a situação. Você deixará o lado emocional falar mais alto. Tudo bem com isso, somos todos seres humanos e faz parte da nossa natureza.

Com o tempo você se tornará mais racional. Para ajudar na avaliação, um bom método é responder para você mesmo duas perguntas simples:

1. Agora que você conhece melhor a pessoa, você contrataria para o seu time?
2. Você enxerga sua vida sem ela?

Uma conclusão significativa é que ficará muito claro para você quando recrutou gente boa. Quando restar dúvida, demita. Faça o que tem que ser feito no dia 89. Isso se já não tiver feito no dia 44.

Humanos são mais do que recursos

Durante alguns anos, dediquei algum tempo como mentor em dezenas de edições do evento *Startup Weekend*, um dos eventos de empreendedorismo que mais me trouxe aprendizado, mesmo atuando no papel de mentor.

Para quem não conhece o *Startup Weekend*, recomendo pesquisar a respeito. O objetivo do evento é vivenciar atitudes e comportamentos empreendedores durante um final de semana, partindo de uma ideia e da montagem de um time com pessoas (outros participantes) que você talvez nunca tenha visto antes.

O time mergulha na validação da ideia, cria um protótipo, tenta vender e fecha com uma apresentação para uma banca de jurados que escolhe os times vencedores.

Já fui participante, mentor e jurado. Em todas as ocasiões, sempre levo algo para a vida. Não tenho dúvidas que é transformador para quem participa. Nunca seremos experientes o suficiente.

Não acho que o mérito está no time que foi tido como vencedor. Na verdade, vencem todos.

- ✓ Você aprende a lidar com pessoas muito diferentes de você em momentos em que não é simples sustentar máscaras.
- ✓ Você descobre que não se conhecia tão bem quanto achava e que você é capaz de fazer coisas que nunca sonhou que faria.

Você apenas começa o negócio e junta as pessoas. A partir de então, são elas que transformam o sonho em realidade, um dia de cada vez.

@TIAGO.VAILATI

✓ Você entende que uma ideia não tem muito valor se não tiver gente boa para fazer as coisas acontecerem.

Na vida as coisas são bem assim, muitas pessoas têm ideias e querem fazer, mas não se mexem. Grandes coisas nascem longe da zona de conforto. O sucesso, dinheiro e reputação não vem apenas do que você sabe, mas sim do que você faz.

Como empreendedor, você não fará nada grandioso sozinho. O primeiro passo é considerar que para fazer algo que impacte a vida de um grande número de pessoas, será preciso dividir o sonho com alguém.

A começar por sócios. Eu recomendo fortemente a todos que, primeiramente, busquem bons sócios. Escolha parceiros com quem você tenha um histórico junto, com quem já tenha dividido desafios, fracassos e conquistas. Isso é um tema que vou aprofundar mais à frente.

Portanto, entre de cabeça numa aventura empreendedora sabendo que você precisará envolver mais pessoas naquilo que você quer construir. Não opte por seguir a jornada sozinho.

Pense que empreender te dará a possibilidade de compartilhar seu sonho com muitas pessoas e, da mesma forma, tornar-se importante para elas. Empreender está muito ligado a dar oportunidades para que outras pessoas vivam a experiência com você.

Encare a formação do time com uma visão mais abrangente do que o conceito de ter funcionários. Se você se dedicar em formar um time de verdade, terá mais dos recursos humanos, como a administração mais tradicional costuma rotular.

As pessoas que compõem seu time serão cúmplices na jornada. Afinal, será com elas que você irá dividir seus momentos, os bons e os ruins, as conquistas e os percalços. Certamente, você verá os olhos delas brilharem tão genuinamente quanto os seus. Depende do quão legítimo for o envolvimento que você promover com elas.

O empreendedor gera empregos, monta um time, desenvolve o negócio e a consequência de tudo isso é impacto. Muitas vidas acabam girando em torno daquele sonho que virou um negócio e muitas acabam se enlaçando com elos fortíssimos.

> *Isso é apenas uma das grandes contribuições que uma empresa traz para a vida de quem se envolve na sua construção.*

Tenha em mente que um time comprometido de fato com o propósito do negócio será o grande diferencial. Você apenas começa o negócio e junta as pessoas. A partir de então, são elas que transformam o sonho em realidade, um dia de cada vez.

Sozinho vamos rápido, com pessoas especiais vamos longe.

Conhecimento, integridade e sangue no olho

Com o passar do tempo, vivendo inúmeras experiências na missão de formar um time capaz de levar a Hiper em busca do nosso sonho grande, foram muitos os desafios, erros e acertos, através dos quais acabei acumulando bons aprendizados.

Ao longo do tempo, cheguei à conclusão das características fundamentais que classificam gente boa de verdade. Isso é uma coisa que aprendi muito bem. Em resumo, são três pontos: conhecimento, integridade e sangue nos olhos.

Conhecimento

Antes de mais nada, é preciso ter muita clareza sobre o conhecimento que se busca nas pessoas e em qual nível de profundidade. Não será fácil encontrar pessoas prontas, com o conhecimento no nível máximo compatível com as expectativas. Mas ter clareza sobre o que se procura é fundamental.

Se uma determinada oportunidade no seu time possibilitar o encaixe de alguém mais júnior, com menos experiência profissional, ótimo, só não deixe de checar se a pessoa está apta para entregar o mínimo que você espera dela nos dias iniciais. Se você quer alguém mais experiente, seja num nível intermediário ou mais sênior, valide a fundo. Tanto a empresa quanto o candidato têm expectativas para atingir.

Entretanto, saiba que sempre existirá algo a ser desenvolvido. Ninguém estará tão apto a desempenhar o papel na sua empresa do que as pessoas que já estão desempenhando há algum tempo. Todos os negócios têm particularidades e conceitos peculiares. E essa é a camada de conhecimento que todas as pessoas precisarão lapidar.

Autodesenvolvimento é ingrediente do sucesso profissional, afinal não somos grandes o bastante em tudo e sempre teremos algo a evoluir.

@TIAGO.VAILATI

Ninguém é tão autossuficiente que não tenha fraquezas. Todos nós, com certa frequência, nos deparamos com situações de impasse, momentos de dificuldade e desafios que tiram o fôlego. Autodesenvolvimento é ingrediente do sucesso profissional, afinal não somos grandes o bastante em tudo e sempre teremos algo a evoluir.

Conhecimento vai além da experiência profissional e de vida. Mais do que ter acumulado conhecimento, é essencial que se tenha capacidade de se desenvolver, buscar complementar os vazios que todos os profissionais têm nesse aspecto.

Portanto, quando estiver selecionando alguém para compor seu time, continue dando ênfase para o conhecimento já dominado, mas não deixe de ponderar a capacidade que o profissional demonstra para adquirir novos aprendizados e sua fome de conhecimento.

Integridade

Vamos falar de integridade. Gente boa é íntegra, possui valores nobres, age de acordo com os preceitos que a sociedade tem como correto em termos de conduta e moral.

Isso é bastante difícil de concluir num processo seletivo. Será preciso mergulhar em acontecimentos da vida da pessoa e buscar por evidências que permitam concluir que existe um alinhamento das expectativas do que vale e o que não vale na cultura da empresa.

Uma pessoa íntegra não abre mão de seus valores. Sempre que se depara com a possibilidade de tirar alguma vantagem de certa situação, ela avalia o benefício momentâneo, muitas vezes com reflexo financeiro e coloca no outro lado da balança a sua integridade. Se há prejuízo para a integridade, não avança.

Ter ao seu lado pessoas íntegras é muito valioso, e isso se prova ao longo do tempo. São pessoas que prezam por construir relações sólidas, baseadas principalmente na confiança e vão ajudar a manter uma homogeneidade de aspectos éticos no negócio.

Sangue nos olhos

A terceira característica, a que mais me inspira nas pessoas, é sangue nos olhos, comportamento comum das pessoas que entram em campo para jogar com raça. Não se deixam abater por obstáculos, são otimistas acima de tudo e dão o seu melhor, fazendo o máximo possível ao invés do mínimo necessário.

Ao longo da jornada, todo negócio passará por momentos de dificuldade, crises e instabilidades. São nas horas difíceis que estas pessoas se mostram fiéis ao negócio e dispostas a fazer um pouco a mais para conquistar os objetivos coletivos.

Estar cercado de pessoas que estejam com os dois pés firmes, dentro do barco, faz a diferença para superar tais momentos.

Talento não se resume apenas em habilidades, no que se sabe fazer. As atitudes e os comportamentos fazem a diferença. Procure por conhecimento, integridade e sangue nos olhos. O resultado será um time formado por pessoas inteligentes, disciplinadas, íntegras e esforçadas. Uma mistura de bons costumes com capacidade para fazer acontecer.

O que você aprendeu com a sua família?

Quero fazer uma pergunta simples: você se considera honesto?

Acredito que não precisou refletir muito para responder. Acredito, também, que a sua resposta foi afirmativa.

*Bem, agora uma outra pergunta: você é **SEMPRE** honesto?*

Sempre? Talvez isso tenha feito você pensar um pouco mais. Ser sempre honesto significa que em hipótese alguma você opta pelo caminho com mais benefícios em detrimento ao que, de fato, são valores inquestionáveis para você.

Certa vez, eu estava num grande evento, onde um especialista em ética organizacional fez as mesmas duas perguntas para o público.

Na primeira pergunta, de forma unânime, todos levantaram as mãos. Já na segunda, o silêncio foi desconfortante e as pessoas começaram a baixar os braços, erguidos anteriormente em resposta à primeira questão. Alguns poucos, que mantiveram as mãos erguidas, após sentirem-se acusados pelos olhares dos demais, também recuaram.

Você já dirigiu seu carro após ter tomado uma cervejinha? Já pensou em omitir algum valor no seu imposto de renda? Deixou de dizer a verdade para evitar uma situação embaraçosa? Não devolveu o dinheiro do troco que recebeu a mais?

Não quero direcionar o pensamento para o politicamente correto. Em excesso, tudo faz mal, inclusive exigir que as pessoas sejam infalíveis. Porém, existe uma linha sutil que separa as atitudes que podem descredenciar qualquer pessoa perante seu ciclo social. A linha divisória a que me refiro está fortemente ligada com a ética pessoal, com comportamentos que não deixam margem para questionamentos morais.

Procure cercar-se de gente boa, pessoas com bom caráter, íntegras e honestas.

Uma das minhas perguntas preferidas quando entrevisto alguém para trabalhar no meu time é o que aquela pessoa aprendeu com a família dela. Essa questão tem o poder de tocar fundo no que de mais nobre faz parte da essência de cada indivíduo. Afinal, grande parte dos valores inegociáveis para cada um de nós vem de berço.

Conhecer de fato uma pessoa requer tempo. Entretanto, já ouvi coisas muito fortes e formei conceitos sobre pessoas a partir da conversa que se desencadeou puxada por tal pergunta.

Gente boa age com base nos princípios que serviram de fundamento para formar seu caráter, logo, evitam fazer qualquer coisa que seus pais reprovariam. Por via de regra, são pessoas com as quais você pode confiar e que dificilmente vão te decepcionar.

Conserte logo
as janelas quebradas

Um time vencedor se forma com muita dedicação no desenvolvimento das pessoas. Você pode até trazer pessoas de alto nível, mas nada garante que elas vão agregar valor ao time, contribuir para o crescimento do coletivo.

Como o sonho de todo líder é ter um time de alto nível, com pessoas comprometidas com os objetivos da empresa e, acima de tudo, devorando as metas, é fundamental que esteja claro o nível de performance esperado. Deixar isso claro não se resume apenas a verbalizar, é preciso demonstrar nas atitudes, criar uma verdadeira cultura de resultados.

Existe uma teoria, fruto de livros e diversos estudos ao redor do mundo, conhecida como a *Teoria das janelas quebradas*. Em síntese, ela afirma que quando uma janela de um imóvel está quebrada e permanece por um tempo sem reparo, a tendência é que as pessoas entendam que quebrar as outras janelas é algo aceitável. O resultado é cada vez mais desordem.

> *Para se chegar à tão almejada cultura de resultados, é preciso evitar o efeito da teoria das janelas quebradas dentro dos times da sua empresa.*

O líder precisará cortar quem não entrega resultado, bem como aqueles que não estejam alinhados com os valores do código de cultura. Dessa forma, garante que o mau exemplo não

Times de alta performance são construídos a partir de uma cultura forte, grande capacidade de execução e consistência nos resultados.

@TIAGO.VAILATI

prospere e jogue contra o fortalecimento de uma cultura orientada a resultados.

Pense num time de vendas formado por 10 vendedores, dos quais 4 deles entregam 100% da meta, 2 entregam 70% e os demais, 50% da meta. Neste caso, o nível de entrega do time é de 74% da meta.

Imagine que você seja o gestor desse time, seguindo uma linha de conduta em que a premissa é manter a barra do time elevada, você opta por cortar os 4 vendedores que estão entregando 50% da meta. Só fazendo isso, você faz com que a performance do time suba para 90%.

Tudo bem que, com 4 vendedores a menos, haverá uma redução inicial no número de vendas realizadas, que até pode ser compensada pelos mais engajados. Por outro lado, você demonstrou para o time que ali só há espaço para profissionais que cumprem suas entregas. Além disso, os novos vendedores que entrarem para substituir os anteriores, serão introduzidos num time, cuja performance é de 90%, ou seja, a barra está lá em cima.

Essa é a atitude esperada de um líder orientado a resultados. É preciso avaliar seu time, com frequência, sob os aspectos de entrega de resultados e alinhamento com a cultura da empresa. Para tal, quero compartilhar uma metodologia que recomendo a você aplicar.

Na prática, você posicionará todas as pessoas do seu time em quatro grupos, de acordo com o desempenho na entrega de resultados e alinhamento com a cultura.

- ✓ **Grupo 1 - Resultados bons e Cultura forte:** são os integrantes do seu time que entregam metas e resultados consistentes e que apresentam maior alinhamento com a cultura da empresa.

- ✓ **Grupo 2 - Resultados ruins e Cultura forte:** farão parte as pessoas do time que não estão conseguindo entregar as metas e os resultados pactuados, mas têm forte alinhamento com a cultura.

- ✓ **Grupo 3 - Resultados bons e Cultura fraca:** são as pessoas que entregam bem seus resultados, batem metas, mas apresentam desvios quanto à cultura.

- ✓ **Grupo 4 - Resultados ruins e Cultura fraca:** este é o grupo de maior alerta, onde estão as pessoas que não têm entregado os resultados esperados e que apresentam desalinhamento com a cultura da empresa.

Uma vez feita a distribuição das pessoas nos quatro grupos apresentados, parte-se para a avaliação, rodadas de feedback e elaboração dos planos de ação e desenvolvimento.

No grupo 1, você terá os destaques, as pessoas do seu time que melhor entregam resultados e estão mais alinhados com a cultura da empresa. Procure entender bem os anseios dessas pessoas, bem como definir os próximos passos de carreira, traçando objetivos em conjunto.

Com as pessoas dos grupos 2 e 3 é recomendado realizar um plano de desenvolvimento orientado a corrigir suas fraquezas.

Defina um período para acompanhar, pois não é ideal que as pessoas estacionem nestes dois grupos.

Já para o grupo 4, eu recomendo que você considere tomar uma ação mais enérgica, pois é onde estarão as pessoas que talvez sejam **"as janelas quebradas"** no seu time, que podem estar puxando a barra para baixo e diminuindo a performance do time como um todo.

Nem sempre o líder deve agir com o desligamento do integrante do time que está apresentando baixa performance. Pode ser uma fase ruim, e todos nós passamos por momentos assim.

No entanto, o líder não deveria hesitar em deixar claro para a pessoa que ela está apresentando baixo rendimento, tanto em resultados quanto em alinhamento com a cultura.

Para isso, uma conversa aplicando uma abordagem construtiva pode surtir bons resultados. Uma ferramenta que costumo aplicar com meus liderados consiste em pautar o alinhamento sob quatro pontos.

Apresentar o fato

Descreva o que está ocorrendo, de maneira direta e objetiva. Não use meias palavras. Se o problema se resume à não entrega de resultados, apresente os números que permitam à pessoa enxergar claramente o que está havendo.

É de grande valia que a pessoa que está recebendo um feedback compreenda o que precisa ser feito e saia da conversa com interesse e compromisso em evoluir.

@TIAGO.VAILATI

Descrever as consequências causadas

Procure explicar o que tem gerado de reflexos no time ou na empresa devido à ocorrência do fato apresentado anteriormente.

Demonstrar a visão/sentimento como líder

Como você tem encarado o fato e as consequências geradas? Deixe claro a sua visão sobre o que tem ocorrido, sua interpretação sobre o ponto em questão. Permita à pessoa entender os impactos para você e seu ponto de vista no papel de líder.

Alinhar expectativas para o futuro

Você quer ver uma mudança em quanto tempo? O que a pessoa enxerga que pode fazer para contornar o desafio? Combine os próximos passos com seu liderado e demonstre-se a fim de apoiar. Mas não esqueça que a missão de evoluir fica com o liderado.

Gosto muito da abordagem construtiva para tratar os feedbacks. Leve a sério e procure se preparar bem e com antecedência ao papo. Vejo que muitos líderes não se preparam para uma conversa de feedback e acabam cometendo deslizes irreparáveis. É de grande valia que a pessoa que está recebendo um feedback compreenda o que precisa ser feito e saia da conversa com interesse e compromisso em evoluir.

Para a formação de um time vencedor, com pessoas em sintonia, a cultura serve como uma espécie de alicerce. É sobre ela que o time será desenvolvido.

@TIAGO.VAILATI

PRINCÍPIO 5
MONTE UM TIME DE MISSIONÁRIOS

As empresas já descobriram que precisam de propósito, mas grande parte delas continua sendo feita por pessoas sem propósito.

Por que isso acontece? A resposta está na maneira como as empresas selecionam as pessoas e como se dedicam a manter uma cultura que represente o jeito de ser do negócio, que seja vivida de fato no dia a dia do negócio.

É preciso criar um processo de seleção que se baseia na cultura e filtra pelo alinhamento. Para a formação de um time vencedor, com pessoas em sintonia, a cultura serve como uma espécie de alicerce. É sobre ela que o time será desenvolvido.

Recrutar gente boa é uma tarefa que requer dedicação. Tudo começa na atração de pessoas com sinergia com o negócio, que reflitam nas suas características os critérios fundamentais, apresentados anteriormente: conhecimento, integridade e sangue no olho.

O QUE TE IMPEDE?

Para atrair bons candidatos, esteja sempre com as portas abertas para recebê-los. Para isso, invista numa boa estrutura para criar uma base de dados de candidatos. Nem pense em fazer isso na sua ferramenta de e-mails. Os anos 1990 já se foram há mais de duas décadas.

Tenha uma área no site da empresa voltada a apresentar, com a maior transparência possível, como a empresa é por dentro, comunicando com clareza como é o dia a dia no ambiente de trabalho.

> *Valorize o que tem de melhor, mas não deixe de expor pontos que são determinantes para que a relação entre o candidato e a empresa seja positiva.*

A Hiper está sediada em Brusque, uma cidade com pouco mais de 130 mil habitantes, há 120 quilômetros da capital de Santa Catarina, uma cidade muito tranquila e agradável, onde se vive bem, mas que, por outro lado, não oferece algumas opções que as cidades maiores oferecem.

Como buscamos para o time pessoas de todas as regiões do país, procuramos "vender" bem as características do estilo de vida em Brusque. Embora, mudar de cidade deixou de ser uma premissa com a expansão da adoção do modelo de trabalho remoto, que ganhou muita força a partir do ano de 2020.

De nada adianta ser romântico demais, vender uma imagem enganosa a respeito de como as coisas funcionam na empresa, com o simples intuito de atrair bons candidatos.

Atrair e contratar é muito simples quando comparado com a retenção das pessoas no time. Para que a jornada dure um tempo ideal para atender às expectativas de ambas as partes, é preciso que o relacionamento seja formado a partir da sinceridade.

Publique o código de cultura, deixando claro o jeito de ser, os valores do negócio, o que vale e o que não vale na empresa. Novamente, se o candidato entender que algum dos valores não está em linha com o seu jeito de ser, antecipadamente fica claro que não deve seguir na aplicação para as vagas.

Por fim, claro, publique as vagas que estão em aberto no momento, contendo uma descrição que contemple o papel a ser desempenhado pela pessoa, quais as atribuições, os objetivos e os requisitos para a posição, sobre os quais será feita a avaliação dos candidatos. Junto da vaga, deixe o acesso para que os candidatos possam aplicar para a oportunidade.

Utilize uma ferramenta para gerenciar o seu banco de talentos, onde as candidaturas sejam adicionadas automaticamente e através da qual seja possível organizar o fluxo que o candidato seguirá até uma avaliação definitiva, normalmente composta de algumas fases.

A seguir, vou exemplificar como era formado o fluxo de seleção para as oportunidades na Hiper. Ao todo são 7 etapas, todas eliminatórias, que formam o processo de avaliação de um candidato, após a sua aplicação para uma vaga:

1. Triagem
2. Entrevista inicial — perfil
3. Desafio técnico
4. Entrevista com o time + gestor
5. Entrevista com um fundador da empresa
6. Avaliação interna
7. Feedback final

O processo é iniciado pela seleção dos currículos enviados durante a aplicação, etapa conhecida como triagem, cujo enfoque é consistir se há um alinhamento mínimo com os pré-requisitos para a oportunidade.

Os candidatos pré-selecionados são convidados para uma primeira entrevista, realizada pelo time de talentos, com o intuito de levantar o perfil da pessoa, sempre buscando evidências que reflitam alinhamento com o código de cultura da empresa.

A etapa do desafio técnico consiste em aplicar uma atividade prática relacionada diretamente a validar o nível de conhecimento e habilidades que se procura no candidato. Essa etapa pode ser realizada logo após a entrevista inicial ou após as entrevistas com o time e gestor.

Seguindo o fluxo, o candidato terá uma entrevista com uma pessoa ou uma dupla de pessoas do time, além do futuro líder direto, onde são abordados assuntos tanto técnicos quanto de natureza operacional, cujo objetivo é avaliar o candidato sob a ótica dos pares de trabalho, trazendo a perspectiva do dia a dia na função pretendida e fazer uma primeira conexão entre líder e (futuro) liderado.

A última entrevista coloca o candidato com um dos fundadores da empresa. Na posição de CEO, sempre procurei dar prioridade por realizar esta entrevista, sendo substituído por um dos outros fundadores da Hiper, somente em situações em que não era possível conciliar a agenda.

Quando nos aproximamos das 200 pessoas no time, para preservar a dinâmica do fluxo de contratações, tornou-se inviável manter a etapa dos fundadores para todas as vagas pretendidas e passamos a realizar em casos pontuais. Um cuidado especial que tivemos foi assegurar que os critérios que eram validados em tal etapa fossem absorvidos pelas etapas anteriores, principalmente na fase sob responsabilidade do time de talentos.

Todas as entrevistas têm como objetivo a busca por evidências que tenham conexão com o código de cultura da companhia. Na prática, cada pergunta era direcionada a validar algo do nosso conjunto de valores.

Finalizadas todas as etapas de entrevistas, todas as pessoas que participaram do processo de seleção se reúnem e fazem um alinhamento final, levantando fatos e evidências positivos e nega-

Com mais pessoas envolvidas num processo seletivo é mais fácil enxergar os candidatos sob diferentes óticas, em diferentes momentos.

@TIAGO.VAILATI

tivos e emitem seu parecer sobre a contratação do candidato. A decisão é por consenso do grupo.

O processo encerra-se com uma devolutiva final para o candidato. Se a decisão foi positiva, iniciam-se os trâmites para contratação da pessoa. Caso negativo, deixa-se um feedback final, podendo entrar em detalhes sobre os motivos, caso seja de interesse do candidato.

É muito importante tomar todas as precauções para que ninguém fique sem uma resposta à sua candidatura, mesmo que seja uma negativa já na etapa de triagem. Procure sempre ser cordial, as pessoas evoluem e, se tiverem passado por uma boa experiência no processo seletivo, voltam para futuras oportunidades.

Se você achar válido, pode ser uma boa prática aplicar uma pesquisa de satisfação com os candidatos, para entender como está sendo conduzido o processo de seleção, que é a porta de entrada de gente boa para o negócio.

Considero extremamente saudável estabelecer um processo estruturado para a seleção de pessoas. Isso evita que a pressão gerada pela necessidade ou comodismo resultem em escolhas enviesadas, dando lugar para decisões mais assertivas, pautadas em critérios claros e alinhamento com a cultura da empresa.

Um acervo de perguntas para chamar de seu

Há quem diga que podemos conviver com alguém uma vida inteira e nunca conheceremos a pessoa por completo. O grande desafio, para mim, é conhecer a pessoa que está frente a frente comigo num processo de seleção.

De um lado, tem alguém querendo encontrar a pessoa mais bem preparada para ingressar no time. Do outro, uma pessoa querendo demonstrar que é a melhor opção para a oportunidade. Nada muito diferente de um processo de venda.

Como entender se há uma boa mistura de conhecimento, integridade e sangue nos olhos, dedicando para isso algo em torno de 40 minutos? Com mais pessoas envolvidas num processo seletivo é mais fácil enxergar os candidatos sob diferentes óticas, em diferentes momentos.

Mas, acima de tudo, você precisa dispor de um bom questionário, explorar as questões certas, explorar com precisão os sinais que a pessoa te passa, procurar por pontos que acrescentem e, principalmente, se há algo que desabone.

Vou compartilhar com você algumas das perguntas que durante muito tempo tenho aplicado aos candidatos que entrevisto. Considere isso como algo muito pessoal, portanto, crie seu próprio acervo de perguntas, relacionando cada uma aos aspectos que você quer explorar ao avaliar seus candidatos.

Para entender sobre o nível de raciocínio, conhecimento, originalidade e criatividade:

- ✓ Para você, o que é trabalhar numa startup?
- ✓ Como você acha que deve ser o dia a dia numa empresa ideal para você?

- ✓ Conte para mim um momento em que você assumiu a liderança de um projeto.
- ✓ Na sua jornada (X) o que você mais aprendeu sobre você?
- ✓ O que você costuma fazer para manter a mente equilibrada (esporte, hobbies, leitura)?
- ✓ O que você acha que faria muito sentido te perguntar se você estivesse no meu lugar?

Para buscar evidências de sangue nos olhos, paixão pelo que faz e espírito de tribo (time):

- ✓ Por que você quer (ou decidiu) trabalhar como [posição pretendida]?
- ✓ Se eu perguntar para o seu time anterior como era trabalhar com você, o que vão me dizer? E o que elas gostariam que você melhorasse?
- ✓ Do que você mais se orgulha do que está no seu currículo? O que você apagaria da sua trajetória?
- ✓ O que você ainda não teve a chance de incluir no seu currículo?

Olhando para traços de integridade:

- ✓ Do que você não abriria mão?
- ✓ O que você mais aprendeu com a sua família?
- ✓ O que você acha da legalização da maconha? (essa é polêmica, aplicada de acordo com a maturidade da pessoa)

Turnover nem sempre é um problema, pois se a pessoa está "olhando para fora" é sinal de que não está com os dois pés no barco e comprometida com o sonho grande.

@TIAGO.VAILATI

✓ Se eu entrar no seu quarto agora, o que eu concluiria sobre você?

Para entender sobre esforço, comprometimento, resiliência, busca por resultados:

✓ Conte-me uma situação em que você desistiu de algo. O que te fez jogar a toalha?

✓ Qual foi o feedback mais duro que você recebeu? Como agiu?

✓ Como você lida com um dia ruim?

✓ Quando eu te chamar para conversar daqui a 12 meses, quais conquistas vamos comemorar?

✓ O que te faria aceitar uma vaga em outra empresa e sair da Hiper?

Essas são algumas das perguntas que costumo aplicar aos candidatos que entrevisto. Cada pergunta deve estar ligada a um ou mais aspectos que você deseja evidenciar e, os aspectos por sua vez, ligados a valores do código de cultura. Dessa forma, fica mais simples orientar a sua avaliação e recrutar com base na cultura.

Fuja da guerra de talentos

É natural que toda contratação passe pela etapa de formalização de uma proposta de trabalho, juntamente com a definição do salário e benefícios. Minha recomendação para esta hora é que não entre em competição por talentos, que normalmente deriva para um leilão pelo melhor salário.

O resultado negativo de uma competição por talentos é que normalmente, o que determinará o lado vencedor será o salário ofertado. Logo, quem estiver num melhor momento financeiro tende a ganhar a briga.

Isso pode resultar em distorções quanto ao enquadramento do profissional num nível inadequado para sua senioridade, sem considerar que você poderá estar gerando contradições quanto à meritocracia com outros profissionais do time.

Quem vem até você atraído por dinheiro é um grande candidato a ir embora movido por dinheiro e, em muitos casos, o candidato estará usando a sua proposta para barganhar uma melhor oferta na empresa em que está trabalhando até então.

Nesse aspecto, você precisa agir com coerência. Primeiro, para que se tenha uma padronização nos cargos e papéis desempenhados pelo time. Segundo, para que você siga os mesmos critérios para enquadrar um novo membro no time e ser justo com os demais.

Para isso, invista em criar uma documentação com todas as funções desempenhadas na sua empresa, elencando os níveis e os critérios para enquadramento de um profissional em cada posição, além das faixas de composição salarial. Sem dúvida, será um trabalho que exigirá bastante dedicação.

Este é o primeiro passo para se chegar a um bom plano de carreiras. Você deve iniciar documentando os cargos e salários que a empresa aplica. Um plano completo requer que se detalhe de maneira objetiva as premissas para cada posição, ou seja, o conjunto de requisitos que alguém precisa atender para ser elegível a ocupar tal posição, servindo principalmente para planejamento de carreira.

Para começar, uma tabela com todas as posições, cada qual com seus níveis (júnior, pleno, sênior) e seus respectivos salários já será uma grande aliada na organização do quesito remuneração no seu time, algo extremamente delicado e que não permite deslizes.

E o que fazer quando alguém do time procura você avisando que recebeu uma proposta de emprego com uma melhor remuneração? Vejo dois caminhos possíveis.

Primeiro, considere se é válido algum esforço para evitar que o talento vá embora. Recorra à sua tabela de cargos e salários e avalie quais são os movimentos possíveis, lembrando que você deve seguir com coerência a tabela definida, bem como ser justo com os demais integrantes do time. Nessas horas, o senso de justiça estará diretamente ligado com a meritocracia.

Uma segunda opção é deixar a pessoa seguir seu caminho e ir embora. Quando alguém sinaliza que vai sair, nem sempre a retenção é a melhor estratégia. *Turnover* nem sempre é um problema, pois se a pessoa está "olhando para fora" é sinal de que não está com os dois pés no barco e comprometida com o sonho grande.

Com isso, você evita abrir precedentes para que as pessoas usem do artifício de buscar alguma proposta de outra empresa para negociar uma promoção. Tome este tipo de decisão olhando para frente, o investimento em pessoas descomprometidas não traz retorno algum.

Tenha sócios: empreender é um jogo de time

Pode ser que você seja uma pessoa com elevado nível de autossuficiência, que dependa pouco dos outros para lidar com suas demandas. Aceite uma verdade que aprendi ao longo da minha vida: você não é bom o suficiente em tudo. Talvez, você ainda não percebeu com clareza isso, cedo ou tarde você entenderá.

Eu fui uma pessoa privilegiada, até aqui, na minha jornada como empreendedor. Conheci meus sócios no meu primeiro emprego. Trabalhamos juntos durante bons anos antes de decidirmos fundar a Hiper.

Se puder influenciá-lo quanto a isso, digo a você: tenha sócios. A vida do empreendedor é dura, você precisará tomar decisões delicadas, vivenciará uma sequência de altos e baixos a todo momento, muitas vezes num mesmo dia.

Ter alguém para confidenciar suas inseguranças, buscar opiniões, compartilhar a tomada de decisões é muito benéfico. Até aqui, você já deve ter lido algumas vezes que ninguém faz nada grandioso sozinho. Essa é uma verdade para mim, e não se aplica somente aos negócios.

Da mesma forma que ter sócios é algo fundamental, saber escolher com quem você vai compartilhar a construção do seu sonho grande é uma tarefa difícil. Você conhece muita gente legal, com quem passa bons momentos. Certamente, você cultivou boas amizades no decorrer da sua vida, pessoas do bem e que você admira. Porém, não são esses critérios suficientes para escolher um sócio.

Uma relação entre sócios, que seja boa de verdade, é aquela que resiste a todo tipo de contratempo. Não são poucos os casos de empresas que foram às ruínas por causa de desentendimentos entre sócios, falta de honestidade ou desalinhamento de expectativas.

Entre irmãos, por mais que haja diferenças, jamais poderá ser rompido o elo que os une como irmãos, a família. Aconteça o que acontecer, mesmo que haja uma ruptura nas relações, irmãos serão sempre irmãos.

Por que trouxe esse raciocínio para este momento? Para mim, uma forte relação entre sócios, verdadeira e duradoura, é estabelecida sobre os mesmos fundamentos que ligam os irmãos. Haja o que houver, você não deixará um irmão para trás, vai?

Irmãos serão sempre irmãos. Sócios devem buscar uma ligação semelhante. É como eu enxergo e, digo isso, após ter convivido com meus sócios durante mais de uma década. Não é um tema simples de se endereçar, mas relações duradouras são estabelecidas com um elevado nível de cumplicidade, confiança e respeito.

Quando começamos a Hiper, as coisas não eram fáceis. Já falei sobre isso no começo deste livro. Um dos meus sócios estava passando por desafios pessoais. Não era por menos, afinal o desafio consistia em conciliar a vida pessoal e a família com a grande carga de trabalho e os impactos financeiros e emocionais que estávamos passando para fazer o negócio começar a dar certo.

Foi então que recebemos o relato dele de que deixaria a Hiper, se até o final daquele primeiro ano (alguns meses depois) as coisas não dessem sinais de que iriam melhorar. Ele não enxergava como conciliar a alta carga de trabalho com os compromissos familiares, principalmente no que tangia tempo de qualidade com a família.

A solução que encontramos foi de buscar um equilíbrio. Revimos os papéis de cada um no negócio e, direcionamos para ele, a missão de organizar a área comercial da Hiper. Estava na hora de dar foco em aquecer as vendas, unimos o útil ao agradável e fizemos dos limões uma boa limonada.

Lembro exatamente daquela noite, quando conversamos sobre isso. Uma conversa madura, sincera e empática. Na minha mente, tenho guardadas as palavras que usei para ele:

> *Esqueça essa história de desistir. Nós começamos juntos a construir algo que transformará nossas vidas. Nós vamos chegar lá e temos que cruzar a linha de chegada juntos."*

A partir de então, dois de nós seguimos com a rotina de desenvolver o produto, e isso consumia nosso dia inteiro e nos levava às madrugadas com certa frequência, enquanto um dos sócios focava desenvolver as vendas, fazendo uma jornada mais regrada em termos de horários, para poder estar presente com a família.

Isso é o esforço para que um dia cruzássemos a linha de chegada juntos. Sempre tivemos a mesma participação societária e o mesmo salário, embora com responsabilidades que pudessem ser vistas como bastante distintas em certos momentos. Ninguém estava preocupado em quem estaria trabalhando mais, nem no início, nem quando as finanças estavam mais confortáveis.

Esqueça essas coisas, sempre terá alguém com o fardo mais pesado. Assim como alguém terá mais domínio em certas questões. E pode ser que alguém se destaque mais. O ego joga contra, principalmente entre sócios. Jamais deixe que ele entre na sociedade.

Como escolher os sócios

Bem-vindo ao dilema que assola grande parte dos empreendedores no começo da jornada: preciso de um sócio, mas como eu

Falar é de graça, agir requer esforço e envolve você nas consequências.

@TIAGO.VAILATI

escolho o sócio certo? A resposta certa, normalmente, vem da pergunta certa.

Para este caso, a pergunta que melhor se adéqua não é "quem é o sócio certo para mim?", mas sim "como eu posso ser o sócio certo no negócio?". Se todos os sócios pensarem assim, tudo fica mais simples.

Quando falo sobre escolher um sócio, gosto de fazer uma analogia com uma viagem para Paris. Certamente, o destino é um dos mais cobiçados, é unânime o desejo de conhecer os encantos da Cidade Luz e há quem diga que é um dos lugares do mundo que visitar apenas uma vez na vida é pouco.

Pois bem, de nada adianta ir para Paris com uma companhia ruim, mesmo sendo um lugar espetacular, se a companhia não for boa, a experiência não será legal.

Não existe fórmula secreta, existem boas práticas que tendem a levar a bons resultados quanto à melhor configuração da sociedade. Vou passar pelos pontos que considero chave.

Escolha pessoas com quem você teve um histórico profissional

Como falei anteriormente, uma boa sociedade tem fundamentos muito próximos à relação entre irmãos. Isso refletirá no respeito, envolvimento, empatia e resiliência para atravessar os momentos difíceis juntos, pois os fáceis não requerem um grande esforço.

Não basta apenas conhecer a pessoa de longa data. Você só sabe como a pessoa se comporta de fato diante de determinadas situações, quando se está vivendo sob tais circunstâncias. Você só terá certeza se a pessoa entra numa casa em chamas para salvar alguém, quando está vivendo aquela cena. Falar é de graça, agir requer esforço e envolve você nas consequências.

Dizer que é comprometido é diferente de ser comprometido. Dizer que está pronto para o que der e vier é diferente de abrir mão de conforto e prazeres imediatistas em prol de uma coisa maior, que pode vir depois de um longo e desgastante período.

Ter um histórico profissional junto com o candidato a ser seu sócio é uma boa maneira de conhecer a pessoa na sua intimidade. Como ela reage sob pressão, como lida com os momentos de pesados desafios, se é alguém com quem foi possível estabelecer bons laços de confiança e, acima de tudo, se tem conhecimento, integridade e sangue no olho.

Defina a missão de cada sócio e procure quem assuma a missão

Cada sócio deve ter uma missão, uma frente que fique sob sua responsabilidade, em cima da qual cabe exclusivamente àquela pessoa fazer acontecer.

Monte um time de missionários

De uma maneira geral, para um negócio digital (e isso vale para diversos outros tipos de empresa), uma boa divisão inicial de responsabilidades para os sócios, resume-se aos perfis: o vendedor; o dono do produto; e o gestor.

O "vendedor" é quem fica à frente das rotinas comerciais, e responde pela geração da demanda, cria as oportunidades e desenvolve negócios, é quem vai assumir e realizar as vendas de fato.

O "dono do produto" deve ter um perfil mais técnico e visão de negócio, é quem cuidará da concepção e do desenvolvimento do produto, acompanhando as demandas que vem do mercado, através das primeiras vendas e do posicionamento estratégico definido.

O "gestor" é quem cuida da organização da empresa, quem busca manter a operação em ordem, coordena o planejamento e acompanha os resultados. É, normalmente, quem gera o principal círculo de relacionamento com o ecossistema, como investidores, talentos e relações públicas, por exemplo.

No começo, todos fazem de tudo um pouco, mas é fundamental que se tenha um dono para cada frente estratégica do negócio. É de igual importância que os sócios tenham boas competências de liderança, uma vez que será a partir deles que o time será formado, assim como os traços iniciais da cultura da empresa.

Mais do que pessoas importantes, procure pessoas essenciais

Uma vez definidos os papéis de cada sócio, é fator crítico para sucesso a longo prazo que a parte do "fazer acontecer" esteja bem clara, senão, com o tempo, a pessoa se mostra pouco essencial para o negócio.

Como estamos tratando de uma decisão tomada num estágio mais inicial, mesmo que a pessoa seja importante para a empresa, todo sócio precisa ter características que o diferencie como alguém essencial. Isso é o que garantirá um desenvolvimento, dele e do negócio, a longo prazo.

Para as pessoas que se tornam importantes com o passar do tempo, é comum que haja uma compensação extra, que muitas vezes vem através de ações da empresa, o que faz dela sócia, mas normalmente numa proporção bem inferior aos sócios fundadores.

Indivíduos S/A

Uma das principais fontes de emoções negativas para o ser humano, como medo, preocupação e ansiedade, é o trabalho. E é sobre isso que quero provocar você.

Vejo muitas pessoas lutando para ter um belo cargo, que é sinônimo de orgulho, pois é assim que muitas pessoas medem o sucesso na carreira. Não concordo com isso. Muitos profissio-

Monte um time de missionários

nais acabam se tornando, involuntariamente, competidores numa disputa silenciosa pela melhor posição hierárquica, pelo melhor título, que lhes permita a autoafirmação de que são vencedores.

Isso fica ainda mais óbvio se pararmos para refletir que assim somos preparados durante a primeira fase de nossas vidas, durante nossa educação, antes mesmo de ingressar no mercado de trabalho. Não é comum sermos estimulados a criar, arriscar, liderar, mas sim para sermos seguidores e evitarmos o que pode nos expor a críticas.

Mais do que ser bem-sucedido devemos nos preocupar em sermos felizes. Por isso, nada mais coerente do que nos preocuparmos em trabalhar para nós mesmos.

Eu decidi escrever este livro para compartilhar minhas experiências como empreendedor, mas não escrevo exclusivamente para quem quer ter o próprio negócio. Empreender tem mais a ver com atitude do que qualquer outra coisa, embora na maioria das vezes, esteja associada às pessoas que criam negócios próprios.

Não quero dizer que todos devam empreender. Até mesmo porque "empreendedor" é um rótulo, não nos torna melhores ou piores e, sem considerar as características de cada pessoa, não quer dizer muita coisa.

Gosto de incentivar que as pessoas tenham atitudes empreendedoras, comportem-se como donos do negócio, mesmo exercendo um papel distante das obrigações mais estratégicas. Nada impede de você ser uma grande referência, tendo um papel mais operacional ou técnico.

Empresas que dão certo estão cheias de pessoas que agem como empreendedores, combinando conhecimento, atitudes e o desejo de fazer acontecer.

@TIAGO.VAILATI

Não tenha dúvida de que as empresas que dão certo estão cheias de pessoas que agem como empreendedores, combinando conhecimento, atitudes e o desejo de fazer acontecer. O resultado depende do potencial das pessoas que formam os times.

Já ouvi muito o seguinte:

> *Chega de trabalhar para os outros. Vou abrir meu próprio negócio e trabalhar para mim".*

Quero dizer que você pode e, se ainda não está, deveria trabalhar sempre para você, não importa quem é o dono do negócio.

Ser dono de um CNPJ não torna ninguém empreendedor, nem melhor, maior ou mais feliz. Quando vendemos a Hiper para o grupo Linx, eu e meus sócios deixamos de ser donos do CNPJ da Hiper, mas não deixamos de trabalhar para nós, nem para o sonho grande da Hiper.

O espírito empreendedor se manteve aceso dentro de nós e dentro do time de liderança da Hiper. Seguimos todos à frente da empresa, com autonomia para continuar tomando as decisões, liderando as pessoas e percorrendo nossos objetivos. Aplicamos na prática a mentalidade do **Indivíduo S/A**.

A filosofia do **Indivíduo S/A** significa trabalhar para você, fazer algo que te permita crescer como pessoa numa empresa onde você acredita no propósito e está alinhado com a cultura, crenças e valores. Essa é a fonte da felicidade ou, se preferir chamar assim, do sucesso profissional.

Recrute protagonistas e gere missionários

No seu time, você precisará de protagonistas, pessoas que se tornam referências, aquelas que estão à frente nos principais momentos da história. Protagonismo não tem nada a ver com o cargo, nem com a experiência de vida. É um comportamento que deve e necessita ser estimulado, e é aqui que você, como líder, tem envolvimento.

As empresas, normalmente, são como gaiolas, as pessoas podem até tentar bater as asas, mas nem sempre encontram espaço para voar. Para isso, é preciso enraizar nas pessoas uma cultura e um sentimento de liberdade para criar, para assumir a frente, chamar a responsabilidade, protagonizar.

Isso é mais uma coisa que se constrói aos poucos, quanto antes começar a desenvolver, antes se colhem os frutos.

Permita-me tentar exemplificar o protagonismo, de uma maneira que gosto bastante, a partir de analogias. No mundo dos esportes, quem pode ser apontado como protagonista numa partida de futebol: (a) o jogador que fez o gol da vitória; (b) o goleiro que evitou o gol do adversário; (c) o técnico, que preparou o time antes e durante a partida.

Na hora do gol da vitória todos explodiram de alegria e correram para abraçar o goleador. Com certeza, quando o goleiro fez a defesa, evitando o gol do time adversário, houve grande euforia. Mas e o técnico do time? Ele não entrou em campo e, mesmo assim, conduziu o time aos resultados.

Quem foi o protagonista? Eu considero que houve protagonismo em todas as situações apontadas. Cada um assumiu a frente no seu momento e fez o que precisava ser feito em busca do objetivo maior. Por isso, procure deixar o terreno livre, para que as pessoas possam ocupar o espaço e protagonizar, quando a ocasião exigir.

Não espere o protagonismo de todos, nem de um grande número de pessoas. Esse será um comportamento presente em alguns membros do time. Valorize os protagonistas, dê voz e espaço a eles, mas não menospreze os coadjuvantes.

Muitas pessoas não querem viver sob os holofotes e o negócio também precisa delas. Uma orquestra precisa de vários músicos, uns puxando o ritmo, outros complementando no acompanhamento.

Estimular o protagonismo tem a ver com deixar a barra do time sempre alta. É jogar a barra para cima com frequência, buscar fazer as coisas num padrão elevado, fazer bem-feito, com excelência.

Esta é uma cautela que se deve ter durante todo o caminho, pois o time tenderá a estar nivelado pelos níveis mais baixos, por aquilo que vai se tornando o mínimo aceitável. Quanto mais baixa estiver a barra, mais baixo será o nível de qualidade do trabalho desempenhado pelas pessoas.

Quanto mais baixa estiver a barra, mais baixo será o nível de qualidade do trabalho desempenhado pelas pessoas.

@TIAGO.VAILATI

Num ambiente de protagonismo, surgirá um outro perfil de profissionais que vão agregar muito valor na jornada: os missionários. Não vou entrar no campo da religião, vou seguir falando de formação de times.

Em janeiro de 2019, tanto o povo brasileiro quanto o mundo afora receberam com muita tristeza a notícia de que na cidade de Brumadinho, em Minas Gerais, havia rompido uma barragem de rejeitos de mineração, que fez centenas de vítimas, desde os que perderam suas vidas, aos que foram impactados por aquele que foi um dos maiores desastres ambientais do Brasil.

Na época, a Hiper possuía clientes em aproximadamente 2 mil cidades do Brasil, incluindo Brumadinho e cidades vizinhas. Tivemos a ideia de fazer uma homenagem ao povo mineiro, que passava por um momento de grande dor.

Na área inicial do nosso sistema de gestão, para onde o usuário é direcionado após fazer o acesso com sua senha, nós adicionamos uma mensagem, bastante simples, mas com intuito de prestarmos nossa solidariedade àquele povo.

A mensagem, que somente aparecia para as pessoas que acessavam o sistema a partir de Minas Gerais, dizia o seguinte:

> *Hiper (coração) Minas Gerais. Que as dificuldades nunca sejam maiores do que a determinação de ser feliz. Solidariedade ao povo mineiro e às famílias atingidas pela tragédia de Brumadinho."*

Isso foi feito em poucas horas, alguns dias depois da tragédia. E mais, foi feita por um desenvolvedor do nosso time que nasceu em Minas Gerais. Era visível nos olhos dele, o protagonismo. Ele fazia aquilo com o coração, era uma forma de se aproximar do lugar de onde veio e abraçar seus conterrâneos.

Outro episódio, aconteceu tempos depois. Um dos integrantes da nossa tribo, que estava no time há poucos meses, teve seu carro roubado no estacionamento da empresa. O carro não estava assegurado e, pior, estava financiado. Faltava algo em torno de 7 mil reais para que fosse quitado, se não me falha a memória.

Foi então que presenciamos um belo exemplo de protagonismo. Uma pessoa do time, durante uma edição da nossa reunião geral semanal, no momento em que era anunciado o depósito do Costelinha daquela semana, sugeriu sacar um valor, comprar alguns prêmios e realizar uma rifa, para levantar o dinheiro necessário para quitar o carro roubado.

Apenas para contextualizar, Costelinha é o nome dado ao cofrinho virtual para o time. Semanalmente, é depositado pela empresa um valor que fica disponível para ser destinado a ações definidas coletivamente pela equipe. A definição do valor a ser depositado vem da avaliação dos gestores, baseando-se na performance de cada semana.

O time topou, foi feita a rifa e, em poucas semanas depois, o dinheiro estava nas mãos da pessoa que teve o veículo roubado.

Bons exemplos de protagonismo. Mas nada se compara ao que vou contar agora. Em meados de 2017, entrou para nossa tribo o Erasmo, que veio para o Brasil saindo de Guiné Bissau, na África.

A história do Erasmo é uma mistura de humildade, superação e força de vontade.

Ele veio sozinho, para estudar, deixando, no seu país de origem, a filha e a esposa que viriam algum tempo depois. O que ninguém esperava é que sua esposa viesse a falecer meses depois da vinda dele para o Brasil.

A filha ficou lá, sob os cuidados de familiares. Para trazer a filha para o Brasil, era necessária uma regulamentação, uma espécie de nacionalização, dentro dos padrões exigidos pelo governo brasileiro. Pode parecer algo simples, mas só quem conhece a burocracia brasileira pode imaginar como foram os meses seguintes.

Acompanhamos nosso colega em inúmeras tentativas de conseguir o seu objetivo. Passaram-se dois anos, tentativa atrás de tentativa e nenhum avanço. Várias pessoas do time apoiaram, envolveram-se, investiram do próprio tempo e dinheiro para ajudar.

Até que, no final de 2019, depois da mobilização de muitas pessoas do time, um caminho foi encontrado, resolvendo-se toda a parte burocrática. Restava apenas vencer um último desafio: levantar recursos financeiros para trazer a filha do Erasmo para o Brasil. Na ocasião, por estarmos muito envolvidos com a história, eu, o Marcos e o Marinho decidimos pagar a viagem para eles.

Foi então que, em fevereiro de 2020, nós conhecemos a filha do Erasmo, que hoje vive com ele no Brasil. Foi um dia inesquecível, emocionante. Uma das situações mais legais que a Hiper

Lembre-se de que é papel do líder estimular nas pessoas o protagonismo e gerar missionários.

@TIAGO.VAILATI

me proporcionou. Tudo isso graças a um grupo de pessoas, com espírito de protagonismo e verdadeiros missionários.

> *Lembre-se de que é papel do líder estimular nas pessoas o protagonismo e gerar missionários.*
> *Estou me referindo àquelas pessoas que têm prazer pelo que fazem,*
> *que vão além dos níveis normais,*
> *estão no topo da barra de qualidade.*

Os missionários olham para o seu lado profissional e amam o seu trabalho, não encaram como um emprego. Emprego é de onde vem o salário, a fonte de renda. Trabalho tem a ver com aquilo que preenche a vida dos missionários, como se fosse sua missão.

Eles irradiam energia, são empolgados, não medem esforços para ver as coisas dando certo e fazem mais do que aquilo pelo qual são pagos. É essa a linha que divide os missionários dos demais.

O verdadeiro papel do CEO é planejar o futuro e liderar o presente para que se conecte em tal futuro. Contar com gente boa e confiar no trabalho delas é a chave para se chegar lá.

@TIAGO.VAILATI

PRINCÍPIO 6
SEJA UMA BÚSSOLA, NÃO UM GPS

Um grande dilema, que muitos empreendedores encaram, surge quando o time começa a ganhar corpo, as áreas da empresa crescem e eles se veem diante do desafio de delegar a outras pessoas a execução dos planos da empresa.

É muito comum, no começo, que o empreendedor esteja envolvido, com a mão na massa. Ele define os caminhos e segue em frente na execução. Tudo sai do seu jeito, com os cuidados necessários e com o padrão de qualidade que ele procura alcançar.

📌 *Eis que aceitar que as coisas sejam feitas pelas outras pessoas, do jeito delas, nem sempre acontece com a naturalidade que deveria.*

Não foram poucas as vezes que conversei com empreendedores sobre insucessos vividos por eles com pessoas que foram contratadas para exercerem papéis de gestão, mas não conseguiram gerar bons resultados.

O QUE TE IMPEDE?

A provocação que eu faço é: será que a causa do insucesso pode estar ligada ao apego que os empreendedores têm sobre a forma COMO as coisas são feitas na sua empresa? Aceitar que outras pessoas busquem os resultados por um caminho diferente daquele que você, como idealizador do negócio, seguiria, pode ser uma tarefa que requeira adaptação.

Seja você o *Chief Executive Officer (CEO)* da empresa, ou simplesmente tenha você a missão de ser o líder principal do negócio, seu papel se resumirá a definir para ONDE a empresa deve caminhar. Deixe que o COMO, os caminhos para se chegar lá sejam definidos pelos responsáveis por tais entregas.

Se o resultado esperado de uma soma é 9, alguns caminhos são possíveis, certo? Se for 4+5. Serve. Ou então, 3+6... 2+7... 1+8...

Por isso, entenda, chegará um momento na sua trajetória como empreendedor que você deverá se adaptar para ser uma bússola e não um GPS. A bússola aponta o norte, enquanto o GPS fica dando as coordenadas de cada passo a ser dado.

Para um negócio prosperar, crescer e se tornar relevante, será preciso estruturar um time de gestão, com o qual o líder principal da empresa alinha os caminhos, transmite a visão estratégica, os projetos prioritários do momento e delega a eles o desdobramento em planos de ação para que se chegue à execução.

Resumidamente, a execução de toda estratégia passará pelo fluxo:

📌 *ONDE > COMO > AÇÃO*

Inicie determinando para onde a empresa caminhará, quais projetos são prioritários e quais objetivos são esperados. Com esta visão em mãos, as lideranças começam a definir como será feito, quais planos de ação serão executados de forma tática. Por fim, o time que está na camada mais operacional entra em ação para colocar o plano em prática. Tudo isso, com a maior interação possível entre as camadas.

O verdadeiro papel do CEO é planejar o futuro e liderar o presente para que se conecte em tal futuro. Contar com gente boa e confiar no trabalho delas é a chave para se chegar lá.

Máximo possível versus mínimo necessário

O mundo já tem empresas e pessoas medianas demais.

Sabe por que isso acontece? Porque não somos preparados para a perfeição, para nos mantermos correndo em busca do melhor que pode ser alcançado. Acomodamo-nos com o bom e não corremos atrás de fazer melhor.

> *Eu acredito que sempre há uma maneira mais elegante, mais eficiente, mais produtiva ou que gere melhores resultados de se fazer algo.*

Quero provocar uma reflexão sobre a cultura da meta nas empresas. Toda meta é, na sua essência, uma suposição, uma expectativa de resultado que surge, quando bem fundamentada, de um planejamento com vistas para o futuro.

Antes de querer desenrolar os objetivos macro da empresa em metas para os líderes, que por sua vez vão desdobrar em metas para os times, devemos entender que o caminho deve ser seguido com engajamento, não na força bruta.

Conseguimos exercer influência e controle apenas no que é mecânico e, boa parte do que nos leva aos resultados nos negócios não são. O que não conseguimos controlar nos coloca numa competição movida pelo medo de fracassar e o medo é o principal agente paralisador.

Tendemos a agir como estudantes, fazendo o mínimo esforço necessário para chegar aos objetivos propostos. Por isso, é fundamental envolver as pessoas com os objetivos do negócio e inseri-las na grande foto do futuro que se almeja. As pessoas precisam se sentir parte, para que a motivação pelos resultados venha de dentro para fora.

Somos fruto de uma educação na qual a competição é predominante, ou seja, para alguém ganhar, alguém deve perder, somada ao fato de que fazer o mínimo esforço necessário é o suficiente para conseguir nossos objetivos.

Os primeiros objetivos e resultados a que somos submetidos, ainda quando crianças, acontecem na fase da escola. Somos ensinados que o objetivo é alcançar (pelo menos) a nota mínima, senão não podemos seguir adiante. No fim do dia, o que interessa é a nota.

Por fim, acabamos direcionando nosso foco para a nota mínima necessária, pois somos medidos dessa forma, quantitativamente. Adquirir conhecimento, que deveria ser o resultado a ser conquistado, fica em segundo plano.

Vamos fazer um teste. Você saberia me dizer, sem pesquisar, qual é a capital do estado de Roraima? E do Sergipe? Tempo para você pensar!

(...)

Espero que tenha acertado: Boa Vista e Aracaju.

Se você tem mais de 15 anos de idade, com certeza, já teve essa matéria na escola algumas vezes. Você já deve ter passado por todas os anos escolares onde esse assunto é ensinado.

O grande problema é que o objetivo maior é passar de ano, conseguir avançar na escola e buscar o diploma, enquanto deveria ser uma consequência de adquirir o conhecimento necessário para sua formação. Somos direcionados a pensar no mínimo de esforço necessário para conquistar nossos objetivos.

No mundo dos negócios, o resultado não será muito diferente se não trabalharmos as metas do jeito certo, envolvendo as pessoas no resultado que se quer conquistar e apoiando para que o caminho seja bem percorrido e, principalmente, prazeroso.

As pessoas precisam se sentir parte, para que a motivação pelos resultados venha de dentro para fora.

@TIAGO.VAILATI

Estruture as metas com sabedoria

Na Hiper, já testamos diversas abordagens sobre metas. Das mais simples às metodologias mais sofisticadas, usadas e difundidas ao redor do mundo.

Houve uma fase, de muitos aprendizados, em que decidimos remover todas as metas fixas do nosso time. Estávamos passando por um período de transição de produto, substituindo uma geração da tecnologia por uma nova.

Basicamente mudava o produto inteiro, criamos uma nova versão do nosso produto que iria substituir a versão anterior. A mudança foi grande e o melhor que tínhamos a fazer era dedicar energia em entregar o melhor produto, ao invés de buscar crescimento a todo custo.

Nos primeiros meses após o lançamento, tínhamos uma série de deficiências para acertar. Ao nosso ver, de nada adiantava vender absurdamente se estávamos correndo o risco de fracassar na satisfação dos clientes e, da mesma forma, jamais paramos de vender.

Você deve estar pensando, como fazer o time entregar sem as metas? Concordo com você que, num primeiro momento, parece não fazer sentido. Não significa que você abandonará o plano de crescimento, as planilhas e projeções.

A mudança é cultural. Usamos metas flexíveis no lugar das metas fixas. Não havia definição de teto nas metas. Quanto mais se conquistava, maior era o mérito e isso refletia diretamente na remuneração.

Com as metas flexíveis não há um limite, um esforço mínimo para alcançar. Esqueça a cenoura e o bastão. Podemos fazer 1% melhor a cada dia. Cada profissional é estimulado a superar-se continuamente e cabe ao gestor aconselhar e ajudar a buscar a performance. Foi uma fase em que o papel dos líderes foi crucial.

Ao invés de sermos motivados pelo mínimo esforço necessário, viramos a chave para o máximo esforço possível. Isso foi bom para aquele momento. Mantivemos o crescimento a boas taxas e vencemos o desafio.

Passada a fase de transição e superados os desafios, concentramos nosso foco em crescimento acelerado novamente. Decidimos buscar uma metodologia mais robusta para gestão das metas.

Foi neste momento que adotamos a metodologia *Objectives and Key Results (OKR)*, conhecida mundialmente. Devido a nossa experiência, eu virei um grande admirador da metodologia OKR.

Se você quiser adotar OKR, recomendo que busque inicialmente estudar os conceitos da metodologia. Existem boas referências no Brasil de empresas que desenvolveram plataformas para apoiar na gestão e publicam bons conteúdos a respeito.

De maneira sucinta, a metodologia consiste em criar objetivos (qualitativos) e relacionar os resultados-chave (quantitativos) para se chegar ao objetivo proposto. A definição de objetivos e resultados-chave deve ocorrer em ciclos, com uma janela de tempo definida, sendo mais indicado ciclos trimestrais, mas pode-se adotar mais ou menos tempo.

Existe um desdobramento desses objetivos, partindo de um objetivo principal. Dessa forma, correlacionam-se "objetivos pais", com "objetivos filhos" e, se for o caso, objetivos abaixo dos filhos. Cada objetivo contém seus resultados-chave.

Vou compartilhar o método que aplicamos e, para a Hiper, trouxe bons resultados.

Nomeie um líder para OKR

Nós criamos um papel no time para atuar como líder da cultura OKR na empresa. Essa pessoa deve estudar a fundo e ser especialista no assunto e tem como responsabilidade organizar as agendas de planejamento, acompanhamento e comunicação sobre os avanços obtidos em cada semana do ciclo.

O líder de OKR acumula esse papel como função secundária, ou seja, pode ser alguém que tenha outro papel no time e que dedica algumas horas, semanalmente, para conduzir as agendas de OKR, que citarei a seguir.

Como avanço, sentimos a necessidade de deixar uma segunda pessoa de apoio, uma espécie de *trainee* para o papel. Com isso, definimos que o líder de OKR ficaria um ano na função e passaria o bastão para o *trainee*, que passa a desempenhar o papel de líder de OKR, escolhendo-se uma outra pessoa para o papel de *trainee* e assim sucessivamente.

Essa foi uma maneira muito bacana de permitir que pessoas do time pudessem estar próximas dos gestores e de outras pessoas responsáveis por entregas de resultados-chave, adquirindo uma visão mais estratégica e tática da empresa, o que contribui bastante para o desenvolvimento profissional.

Descentralize a responsabilidade dos resultados-chave

É comum que as empresas deixem centralizadas nos gestores a responsabilidade pelas metas. Minha recomendação é que sejam envolvidos como responsáveis por resultados-chave (os *key results*, como são denominados na metodologia) pessoas do time que têm ligação direta com o resultado proposto em cada área, mesmo que não desempenhem cargos de liderança.

Dessa forma, você acaba delegando e envolvendo as pessoas nas conquistas da empresa, evitando também sobrecarregar muitos resultados-chave na alçada dos gestores, algo que faz com que o avanço seja prejudicado pela dificuldade de foco.

Envolver as pessoas nos resultados-chave é uma maneira de fazer as pessoas se sentirem parte e transmite para a empresa a visão de que o mérito dos resultados não está somente nas camadas de gestão, mas sim em todos os níveis da empresa.

Planeje ciclos envolvendo o time nas definições

Nós aplicamos o planejamento do ciclo de OKR com frequência trimestral, ou seja, a cada 3 meses o líder de OKR organiza uma agenda para definição dos objetivos e resultados-chave para o próximo ciclo de três meses.

Para esse momento, costumamos envolver aquelas pessoas que possuem um papel de gestão mais tática ou estratégica, simplesmente para evitar muita gente ao redor da mesa e tornar a reunião mais produtiva.

Entretanto, é essencial que tais pessoas envolvam seus times e alinhamento com as demais áreas, numa atividade prévia para discussão das prioridades e definição sobre os objetivos e resultados-chave do ciclo que se iniciará. Dessa forma, você evita as definições *top-down*, aquelas que chegam ao time e pegam todos de surpresa e que, na maioria das vezes, não são bem absorvidas pelo time.

Obviamente que, durante a reunião de planejamento, podem ser feitos ajustes nas metas, por necessidade de alinhamento com o plano estratégico ou, até mesmo, a junção e divisão de objetivos ou resultados-chave, após obter uma visão mais ampla, com todos os OKR apresentados.

Apesar de tudo, quem manda são os dados, mesmo sob chuvas de opiniões, os dados sempre prevalecem.

@TIAGO.VAILATI

Não engesse
as metas

Um erro muito comum é querer seguir certas metodologias de forma purista em demasia, seguir o conceito à risca e não enxergar a dinâmica onde o negócio está inserido. Eu considero extremamente difícil, numa empresa mais madura, conseguir prever todas as prioridades num intervalo de três meses, imagine numa *startup*.

Por isso, entenda que o mundo muda e você precisa ser flexível para poder mudar de opinião. Durante o ciclo de OKR, acontecerá de alguns objetivos serem alterados e até mesmo descartados, por mudanças no cenário da empresa.

Eventualmente, surgem novas prioridades que conflitam com aquelas definidas no início do ciclo, ou até mesmo, observa-se que certos números não fazem mais sentido para o momento. Tudo bem, você pode, e deve, fazer as alterações.

O principal problema a ser evitado é que se tenha uma estrutura paralela de metas. Ou seja, se no dia a dia o foco do time estiver voltado para algo diferente do que foi definido no ciclo de OKR, vão surgir estruturas paralelas de metas.

De todo modo, é preciso ter cautela nas mudanças. Para isso, combine um protocolo para promover as mudanças, preferencialmente que passe pela avaliação do líder de OKR e dos gestores mais estratégicos. Com isso, você evita que qualquer motivo seja motivo suficiente para mudar as metas.

Tenha rituais semanais de acompanhamento

Uma premissa fundamental para o sucesso da gestão de metas, independente da metodologia que você esteja usando, é o acompanhamento semanal.

É uma das atribuições do líder de OKR promover o encontro das pessoas que respondem por resultados-chave do ciclo de OKR semanalmente, faça chuva ou faça sol, para passar por todos os objetivos e resultados-chave e ouvir um reporte sobre os avanços.

Nós adotamos a seguinte prática, com encontros, batizados de Check-in do OKR, que acontecem todas às sextas-feiras, no início da manhã, com duração de aproximadamente 1 hora.

Semanalmente, para cada resultado-chave, o dono daquela entrega, ou seja, o responsável pelo resultado-chave, tem como obrigação:

- ✓ Atualizar o seu progresso, para obter o percentual de avanço daquele resultado.
- ✓ Descrever resumidamente as ações realizadas na semana e os próximos passos.
- ✓ Registrar seu ponto de vista sobre o avanço obtido na semana, se está satisfeito, neutro ou insatisfeito com os avanços.

Durante o Check-in do OKR, todos os responsáveis apresentam para o grupo presente os pontos descritos para cada um dos seus resultados-chave.

Compartilhe com todo o time

Para fechar, entenda que o OKR só terá valor de fato se todo o time estiver envolvido e sabendo de como estão os avanços.

Pode ser uma barreira a ser vencida para muitos gestores, mas entenda que os resultados são construídos pelo time, logo, nada mais coerente do que deixá-los por dentro dos progressos. Seja criativo na forma de envolver as pessoas, transparência gera engajamento.

Nós criamos uma maneira de comunicar que alcança todo o time e, ao mesmo tempo, permite a eles enxergarem suas contribuições para tais avanços, gerando uma curiosidade toda semana sobre os melhores e piores avanços.

Durante a reunião semanal de Check-in do OKR, o líder de OKR, sempre acompanhado do seu *trainee*, levanta três destaques positivos e três destaques negativos da semana. A ideia é apresentar os resultados-chave que melhor evoluíram e aqueles que não tiveram bom avanço na semana.

Depois da reunião de check-in, é atualizado um material, no formato de slides, que contém a estrutura de objetivos e resultados-chave do ciclo, de forma bastante resumida, com seus títulos e percentuais.

Esse material é apresentado na Reunião 360°, reunião semanal que conta com a participação de todo o time, e foi explicada em algumas partes do livro. O líder de OKR demonstra os destaques positivos e negativos da semana, além de uma visão geral dos demais resultados-chave. Na sequência, o material é compartilhado com todo o time.

Além de tudo o que abordei aqui sobre metas, resultados e metodologias, dê também valor aos resultados qualitativos. Quanto mais ouvir relatos de que está entregando o seu melhor, mais certeza terá de que está no caminho certo. Quando ouvir reclamações, saberá onde estão as fraquezas.

Os resultados serão reflexo de ações constantes e sustentáveis. Entenda que as metas são ferramentas que devem ser usadas para engajar o time em busca dos resultados, manter o foco e alinhamento de toda a empresa em torno do que são os objetivos mais importantes para serem conquistados.

Cuidado para não deixar com que a gestão de metas seja um fardo pesado para ser carregado, o que faz com que seja encarado por todos como instrumento de cobranças e punição, levando a um clima de pressão e desmotivação.

Deixe a gestão à vista

Em várias partes deste livro, abordo sobre como a transparência gera bons resultados na ligação entre as pessoas em si e entre elas e o negócio.

Quer envolver as pessoas nos resultados da empresa? Deixe com que elas se alimentem dos dados do negócio, exiba o que é relevante para o trabalho que desempenham e deixe com que se sintam donas daquela informação. Perceba como isso faz diferença.

Vivemos num momento em que todos têm opinião sobre tudo. Com um celular na mão, qualquer amador vira especialista se autopromovendo por aí. Mas, apesar de tudo, quem manda são os dados, mesmo sob chuvas de opiniões, os dados sempre prevalecem.

Desde meados de 2015, quando a Hiper começou a escalar mais forte e o crescimento do time acompanhava a evolução dos números, criamos algumas áreas novas na empresa e novas posições de liderança.

Percebi que era preciso deixar esses novos líderes e seus times por dentro do que acontecia nas suas operações. Começamos a difundir uma cultura de gestão à vista na empresa. No começo é no "*forçômetro*", depois as pessoas enxergam a importância e se apossam dos indicadores.

Desde os primeiros meses de vida da Hiper, sempre tivemos o hábito de acompanhar indicadores em tempo real. No começo, acompanhávamos um indicador principal que era o número de clientes convertidos no mês. Isso era o suficiente, o negócio prosperava de acordo com o crescimento da base de clientes.

Desenvolvemos um *dashboard* bem simples que consultava no banco de dados, em tempo real, o número de novos clientes adquiridos no mês e exibia em tela. Com o tempo, alguns indicadores adicionais foram incrementados, como o número total da base de clientes, novos clientes adquiridos no ano e o número de revendedores ativos, ou Hiperadores, como nós chamamos.

Mas tinha uma funcionalidade a mais. A cada novo cliente convertido, era emitido um som que simulava uma caixa regis-

Sempre há uma maneira mais elegante, mais eficiente, mais produtiva ou que gere melhores resultados de se fazer algo.

@TIAGO.VAILATI

tradora, aquele som de moedas caindo no cofre. Isso gerava uma euforia a cada novo cliente confirmado.

A máxima por trás da filosofia da gestão à vista é simples. Eu resumo no seguinte conceito. Ao final do dia, todas as pessoas devem levantar-se de seus lugares para encerrar seu dia de trabalho e poder olhar para uma tela com os indicadores de performance da sua área.

Deve ser possível concluir se o dia foi positivo ou não. Geramos resultados nesse dia? Se há algo que não está em linha com o esperado, é melhor que se conheça logo, não no final da semana ou, pior, no final do mês.

Uma premissa para implantar a gestão à vista é tornar acessível as informações que são relevantes para as pessoas que estão em volta do painel. Você não precisa de muito mais do que um monitor dedicado exclusivamente a isso, além de uma boa ferramenta para criar os *dashboards*.

Existem várias ferramentas no mercado. Em alguns momentos utilizamos até planilhas eletrônicas, com um certo capricho no visual para apresentar os indicadores. Tudo vale, o que importa é que cada time tenha as informações relevantes do seu trabalho acessíveis em tempo real. Nada de relatório em papel, impresso semanalmente e fixado na parede. O investimento em automação se paga.

O faturamento da empresa está visível para todos? E o saldo em caixa? Sim, está na tela de gestão à vista do time administrativo. Somente para eles essa informação era relevante em tempo real, mas qualquer pessoa passando pelas mesas do time administrativo tem acesso.

Como está a taxa de sucesso das reuniões do time de vendas? Quantos negócios foram fechados no mês? Tudo lá, na tela da gestão, à vista do time de vendas. E o melhor, conectado diretamente com as ferramentas de gestão das oportunidades, o famoso CRM, trazendo em tempo real qualquer atualização.

Manter tudo isso funcionando dá um certo trabalho. Por isso, é interessante que se deixe a autonomia e a responsabilidade em criar e manter os painéis (*dashboards*) atualizados com os times.

Quando se está criando um novo *dashboard* é comum que as pessoas queiram encher de indicadores, gráficos e outros frufrus que trazem, na maioria das vezes, métricas de vaidade, aquelas que servem para massagear o ego, mas pouco refletem o sucesso do time.

Para criar um *dashboard* e evitar cair na armadilha de colocar informações demais e que pouco agregam valor, eu recomendo que se defina, inicialmente, qual é o ÚNICO indicador que importa.

Vamos exercitar isso? Se estamos falando do time de vendas, é bem provável que se comece pelo percentual alcançado da meta do mês. Pronto, gestão à vista criado e disponível para o time.

Após os primeiros dias, certamente algumas questões vão surgir.

> *Quanto vendemos no dia de hoje? E nesta semana?"*

> *Como está a performance de cada vendedor?"*

> *Quantas oportunidades de vendas estão sendo entregues diariamente pelo marketing?"*

É dali que vão surgir os próximos indicadores que interessam para a operação daquele time. Por isso eu reforço a importância de deixar a autonomia de criar e evoluir os *dashboards* da gestão à vista nas mãos do próprio time.

O que vamos comemorar juntos?

Comemorar as conquistas faz parte de uma cultura de resultados. Mais do que isso, eu considero que toda conquista deva ser comemorada, por menor que possa parecer. Só quem batalhou de verdade para chegar ao resultado sabe o quanto é bom ter seu mérito reconhecido.

Uma provocação, no bom sentido, que gosto de fazer para o meu time e, até mesmo para os candidatos que buscam entrar para o time, é "o que vamos comemorar juntos nos próximos 12 meses?". Gosto de ver como as pessoas enxergam os objetivos, se elas têm ambição e planejam o que querem conquistar numa janela de tempo mais curta.

E se eu perguntar para você: o que você vai comemorar junto com seu time nos próximos 12 meses? Se você é daquelas pessoas que têm bem claro para si onde quer estar no futuro, é bem provável que tenha visualizado algumas realizações.

Entretanto, será mesmo que você estará comemorando o que idealizou? Não me refiro a não ter conquistado o que você sonhou, mas sim se estará dando valor de verdade ao simples ato de comemorar, e fazê-lo junto das pessoas que fizeram parte da conquista.

> *Quer fazer com que as pessoas enxerguem os resultados como sendo delas de verdade? Seja criativo e crie rituais de comemoração ao alcance de todo o seu time.*

Não basta pendurar um sino no canto da sala e pedir para as pessoas tocarem a cada nova venda realizada. Os resultados não estão apenas nas vendas. Comemorar as pequenas vitórias vai além disso.

Chegou um feedback positivo de um cliente? Comemore! Uma melhoria no produto foi entregue? Comemore! O time financeiro conseguiu reduzir a inadimplência? Comemore! Um novo vendedor realizou sua primeira venda? Comemore! Alguém do time descobriu que será mamãe? Comemore!

O sucesso é feito da soma de pequenas conquistas. Comemore os grandes feitos, mas dê igual importância para as pequenas vitórias do dia a dia. O percurso é longo, muitos serão os desafios.

Não faz sentido comemorar apenas os resultados no final do mês ou do trimestre.

Nós começamos a praticar pequenas comemorações já nos primeiros dias da Hiper. Nunca tivemos um sino na empresa. Mais para frente eu explico por que não sou fã dos sinos. Naquela época, o que tinha de mais gratificante era conquistar um novo cliente, os primeiros clientes da nossa vida.

Para cada novo cliente conquistado era reproduzido manualmente um som daquelas caixas registradoras antigas, que lembrava o barulho de moedas caindo na gaveta. Era um jeito simples de comemorar. Não importa, o que vale é comemorar cada conquista.

A energia que era transmitida quando aquele som era reproduzido é indescritível. Com o tempo, nós automatizamos a caixa registradora. Fizemos uma pequena aplicação que consultava o banco de dados e, a cada novo cliente, a caixa registradora era acionada. Um pouco *nerd*, mas tinha o nosso jeito.

Conforme a empresa foi crescendo, a operação começou a tomar uma outra proporção e começamos a enxergar que as conquistas aconteciam em todas as partes da empresa. Os times começaram, por conta própria, a criar suas maneiras de comemorar. Alguns com buzinas, outros com cornetas, dava-se um jeito de fazer barulho.

Como citei anteriormente, nunca tivemos um sino na empresa. Concordo que seja uma das maneiras mais habituais de se comemorar, vejo ser usado de forma massiva nas empresas. Tem apenas uma coisa que não me atrai no sino: é pouco democrático.

O QUE TE IMPEDE?

Ele estará fixado numa posição da empresa e isso acaba inibindo que seja usado com grande frequência. Isso joga contra a intenção de envolver todas as pessoas da empresa nas comemorações. Os mais tímidos não se sentem à vontade.

Se algum vendedor toca o sino, fica subentendido que foi por causa de uma nova venda. Agora, não fica muito claro o motivo pelo qual alguém do time financeiro está tocando o sino, certo? Foi então que decidimos deixar o negócio mais participativo e abraçar todos os nossos times.

Nosso time desenvolveu uma ferramenta que batizamos de Buzina. Qualquer pessoa do time pode acessar através do navegador do seu computador ou celular. Para "buzinar", basta informar o motivo pelo qual está comemorando e escolher qual som quer emitir, podendo ser uma buzina, sirene, palmas ou a caixa registradora.

Instalamos um monitor de grande porte numa parede central da empresa que fica exibindo as buzinas, com o texto e o som, conforme vão acontecendo. O engajamento é alto, pois não há barreiras, até para os mais inibidos, para fazer barulho.

A cada buzina, o time inteiro vibra. É normal superarmos a marca de 150 buzinas no mês, que vão desde o anúncio de quem está de aniversário, passando pelas comemorações de fechamento de vendas, até conquistas bem específicas, mas de grande valor para quem fez parte da execução.

Além da Buzina, nós fechamos todas as semanas com a nossa tradicional Reunião 360°, onde compartilhamos os resultados, tanto os quantitativos como os qualitativos, que batizamos de

Great, Good, Bad and Ugly, trazendo os melhores e piores fatos da semana. Os detalhes sobre como é estruturada a reunião foram apresentados em outra passagem do livro.

Comemorar as conquistas sempre foi algo presente na história da Hiper. Nós tivemos um histórico de crescimento da base de clientes de forma exponencial. Começamos ativando menos de 10 clientes por mês, o que com o tempo evoluiu para dezenas e centenas de clientes. Mais recentemente, estamos muito próximos de subir para o patamar de milhares de novos clientes por mês.

Num certo período, ficamos obstinados em chegar à marca de 500 clientes novos num mês. Foi ali que lançamos um desafio: quando a Hiper conseguisse ativar mais de 500 clientes novos num mês, eu iria trabalhar fantasiado de Batman. Isso criou na mente das pessoas um grande objetivo a ser percorrido e tornou ainda mais simbólica a conquista daquele novo patamar de performance.

Em janeiro de 2018, nós alcançamos a marca de 508 clientes novos. Eu estava em viagem a trabalho no exterior e recebi um vídeo do time com a notícia. Trouxe de viagem uma fantasia do Batman completa e, dias depois, cumpri com o prometido. Foi um dia superdivertido, com direito à trilha sonora e máquina de fumaça.

Depois do Batman, um novo desafio para um dos outros fundadores da Hiper foi lançado. E, assim, um novo ritual de comemoração começa a fazer parte da cultura da empresa.

São muitos os motivos que todos nós temos para comemorar. Seja criativo e envolva o seu time nas conquistas. Quando o time

O sucesso é feito da soma de pequenas conquistas. Comemore os grandes feitos, mas dê igual importância para as pequenas vitórias do dia a dia.

@TIAGO.VAILATI

se enxerga nos resultados, todos trabalham com mais motivação e passam a entender que uma jornada de sucesso se constrói a partir da soma de pequenas conquistas.

Tenha um (único) objetivo maior

A história de toda empresa é marcada por fases. Algumas acontecem por terem sido planejadas, outras são fruto de acontecimentos internos ou então provocadas por fatores externos.

Por mais simples que seja o planejamento de um negócio, sempre há uma estratégia em curso. Nesse sentido, algo que aprendi na minha trajetória como empreendedor é que em toda empresa existe uma visão estratégica em comum: dar certo no longo prazo.

Independentemente do que se esteja planejando, tudo é conduzido com o intuito de fazer a empresa prosperar, seguir seu ritmo de crescimento e estar viva no futuro, e mais forte.

Como parte de toda estratégia, é essencial que se tenha um único objetivo maior, com o qual todas as iniciativas da empresa estarão ligadas, e que deverá estar na ponta da língua de todas as pessoas.

Quando criamos a Hiper, nós percebemos que no segmento de software para comércio não havia nenhuma liderança estabelecida entre as empresas de menor porte, ou seja, ninguém havia se consolidado como líder no fornecimento de software para gestão de pequenos estabelecimentos de varejo. Para médias e grandes redes de varejo a liderança estava consolidada entre algumas grandes empresas.

A partir daí, definimos que nosso posicionamento seria 100% direcionado à base da pirâmide, aos micros e pequenos empreendedores de varejo. Com isso, criamos um único objetivo maior para a Hiper, nesse caso para o longo prazo: chegar aos 100 mil clientes e se sentar na cadeira do líder de software para o pequeno varejo.

Até hoje, esse objetivo está acima de todos. Tudo o que fizemos até aqui foi olhando para chegar à cadeira do líder. Nas estratégias desenvolvidas ao longo da nossa história e na cabeça e coração do time esse objetivo está presente.

> *O grande benefício em ter um único objetivo maior é que você se desapega de tudo o que não tem sinergia com ele.*

Muitas vezes, no decorrer da nossa história, surgiram oportunidades para atender redes maiores de varejo. Nunca optamos por abraçar essas oportunidades, pois isso dividiria nosso foco e, com o tempo, nos tiraria do caminho da cadeira do líder.

O objetivo de conquistar a cadeira do líder é algo de longo prazo. De forma complementar, objetivos de médio prazo precisam existir. Fases muito importantes marcaram a trajetória da Hiper até os dias atuais e, em todas essas fases, um objetivo maior sempre esteve claro na cabeça das pessoas.

Não permita que o seu negócio se desenvolva sem que as pessoas tenham clareza sobre qual é o objetivo maior. Novamente aqui, é extremamente válido ser criativo na maneira como se comunica, para que se consiga o máximo do envolvimento das pessoas nos objetivos.

É preciso ser inspiracional, acima de tudo, para que se gere sentido para cada pessoa a respeito do que se deseja conquistar e, a partir daí, a motivação venha de dentro para fora.

Vou compartilhar alguns casos que aconteceram durante a trajetória da Hiper.

Já estávamos há 5 anos no mercado, quando decidimos criar o Novo Hiper, uma nova geração do nosso produto, que mataria o produto que levou a empresa até aquele momento. Enxergávamos que o produto inicial nos levou até aquela posição "confortável", mas não seria o que nos levaria a ser a empresa campeã no futuro.

A primeira geração do nosso produto não foi criada na nuvem, por exigências da legislação regulatória da época, que requeria que sistemas como o nosso precisavam ser instalados em cada computador que fosse usá-los. A cada nova versão, todos os clientes precisavam atualizar o sistema em seus computadores.

Era claro para nós que o futuro do setor de software era na nuvem, acessível de qualquer lugar pela internet. Precisávamos de um produto com tecnologia capaz de escalar e ser replicado a centenas de milhares de clientes.

É essencial que se tenha um único objetivo maior, com o qual todas as iniciativas da empresa estarão ligadas, e que deverá estar na ponta da língua de todas as pessoas.

@TIAGO.VAILATI

Decidimos criar o produto que mataria nosso próprio produto, antes que o mercado fizesse isso. A ideia surgiu num almoço, onde estávamos eu e o Marcos, um dos meus sócios.

Quando voltamos para a empresa, reunimos algumas pessoas-chave do time e discutimos a respeito. Surgiu o movimento interno para estudar a viabilidade de construir o novo produto. Tudo em sigilo, para evitar ruídos antes do tempo certo de comunicar para toda a empresa.

Montamos um planejamento para aproveitar o que de melhor existia nos sistemas atuais, além de uma série de inovações necessárias. Fechamos um plano de 6 meses, que objetivava encerrar em dezembro de 2017. Acreditávamos muito no que queríamos entregar para nossos clientes.

Era um projeto muito ousado, com grande risco envolvido e que exigiria muita dedicação da empresa e das pessoas para poder fazer a transição de um produto maduro e consolidado para um novo produto que, num primeiro momento, apresentaria certas carências e estaria num nível de maturidade visivelmente inferior.

Para introduzir o objetivo maior na mente das pessoas, nós o batizamos de *Projeto All-in*, fazendo analogia com a aposta máxima do Poker, onde o jogador aposta todas as suas fichas acreditando que sua mão é a melhor, porém correndo o risco de perder tudo.

Quando apresentamos o *Projeto All-in* para todo o time, sentimos um misto de surpresa e medo. Reação normal quando estamos diante de algo realmente desafiador. Ouvimos de tudo, de um extremo ao outro. Teve quem disse que estávamos loucos e que a empresa iria quebrar. Estávamos saindo da zona de conforto completamente.

Para podermos focar o novo produto, foi alocado praticamente todo o time de desenvolvimento no projeto, diminuindo a atenção dada ao produto anterior.

Logo, toda a empresa precisou se adaptar para que pudesse ser direcionada energia suficiente para o projeto, administrando as demandas que surgissem para que não tirassem o foco do *All-in*.

De modo a criar uma maneira para que todos se envolvessem e pudessem acompanhar a evolução do projeto, nós criamos um quadro com o desenho de uma mesa de Poker, onde a cada nova funcionalidade que ficava pronta, uma ficha estilizada com a temática do Poker descrevendo tal funcionalidade era fixada, e o percentual de progresso do projeto era atualizado.

Essa foi a maneira que criamos, na época, para implantar rituais de engajamento e trazer para o cotidiano de toda a empresa, de maneira visual, o progresso do projeto de maior importância estratégica para o negócio, o objetivo maior daquele momento.

Quando nos aproximamos da conclusão do projeto, com data definida para o lançamento de uma versão beta do produto, nós organizamos uma surpresa para o time. Na Reunião 360° daquela semana, quando seria anunciado que o projeto estava pronto para ser lançado, nós entregamos para todos os envolvidos uma ficha com a foto de cada integrante do time que atuou no projeto, para que fixassem no quadro, marcando para sempre sua participação naquele que foi um divisor de águas na história da Hiper.

Fizemos uma grande celebração, com direito a mil tiros de foguetes. A emoção tomou conta de todo o time, lembrança que nunca sairá da minha mente. O quadro até hoje está fixado na empresa.

Após a conclusão do *All-in*, ainda tivemos alguns meses de grandes desafios para, de fato, descontinuar o produto anterior do mercado, o que aconteceu 10 meses depois do lançamento da versão beta do Novo Hiper. Durante todo esse período, o objetivo maior da empresa foi fazer a transição do produto antigo para seu substituto. Tudo o que se fazia, dos níveis operacionais aos mais estratégicos, estava ligado a isso.

Com o encerramento do *Projeto All-in*, após finalizada a transição para o Novo Hiper, entramos num período em que não havia nenhum objetivo maior de curto ou médio prazo a ser percorrido, apenas a visão da cadeira do líder.

Parecia que estávamos numa espécie de ressaca, daquelas que você tem depois de uma festa, quando acorda sem saber direito o que aconteceu na noite anterior. O sentimento era de que faltava um norte para nós.

Foi nesse período que ficou claro para mim o quanto faz diferença ter um objetivo maior definido e compartilhado com o time.

Na época, voltamos a direcionar nossa atenção para o crescimento, fortalecendo os times de vendas, o alcance da maturidade dos produtos e melhoria da entrega de valor para os clientes.

Nós tínhamos, recentemente, mudado de sede, fomos para um espaço maior e mais moderno, com aproximadamente mil metros quadrados. Era um galpão, numa planta fabril desativada, onde durante décadas funcionou uma das indústrias têxteis de maior relevância para a economia local, que havia decretado falência há alguns anos.

Revitalizamos aquele galpão e fomos a primeira empresa, juntamente com uma universidade, a ocupar o espaço fabril que se tornou um complexo empresarial e viraria um ponto de concentração de empresas de tecnologia e inovação em Brusque, a cidade onde está sediada a Hiper.

Quando inauguramos a nova sede, nós fizemos uma campanha que tinha como mensagem principal

> A história de Brusque se reinventa a partir da tecnologia."

Como o momento era de foco no crescimento, lançamos um novo objetivo maior. Crescer nossa operação, ampliando o time a ponto de que seria necessário derrubar as paredes e ocupar os galpões vizinhos.

Com isso, colocamos um grande alvo na parede com uma chamada para ação *"Missão: derrubar a parede"*. No centro desse alvo, havia espaço para fixar uma grande marreta, que seria usada para derrubar aquela parede para possibilitar a ampliação.

Inicialmente, ainda não existia a marreta, que viria a ser fixada ali a partir do momento em que estivéssemos nos aproximan-

Seja uma bússola, não um GPS

do do nosso objetivo. O negócio reverberou tanto que ultrapassou os limites da empresa.

Em uma ocasião, chegou uma caixa na Hiper, destinada a mim. A princípio estranhei, pois não estava esperando por nada. Quando abri, havia uma marreta, que havia sido enviada como presente por uma pessoa que esteve participando de um evento dias atrás na Hiper, onde tomou conhecimento da *Missão: derrubar a parede.*

Uma outra marreta, de grande porte, foi então fixada na parede no dia do aniversário de 7 anos da Hiper, alguns meses depois. Enquanto escrevo este livro, ainda não derrubamos a parede, mas estamos no caminho certo. Com certeza, será um momento épico, onde as pessoas enxergarão o impacto do seu esforço na concretização de mais um objetivo na história da empresa.

Todos nós somos capazes de criar novas versões
de nós mesmos
em intervalos
curtos de tempo.
E líderes legítimos
têm orgulho do
crescimento
do seu time.

@TIAGO.VAILATI

PRINCÍPIO 7
LIDERE SEM FAZER SOMBRA

📌 *As árvores não crescem na sombra de outras.*

Esse pensamento tem tudo a ver com a importância (e necessidade) do líder em desenvolver seu time.

Um time de sucesso não é formado apenas por pessoas geniais. Eu não acredito em genialidade como ingrediente principal. É algo bem subjetivo. Todos nós somos fruto da evolução que buscamos ao longo da nossa experiência profissional.

📌 *Somos hoje versões aprimoradas de nós mesmos.*

Para que as pessoas ao nosso redor se desenvolvam, não podemos deixá-las na nossa sombra. Líderes que agem assim, limitam o crescimento do seu time e, por consequência, impactam a sua própria evolução e a da empresa.

Durante os meus vários anos como líder, já trabalhei com todo perfil de pessoas e entendi que tem um comportamento que é transformador: a vontade de dar certo. Eu, particularmente, chamo isso de "sangue nos olhos".

Pessoas com sangue nos olhos têm uma capacidade superior de se desenvolver. É nesse aspecto que o líder contribui, incentivando a mudança, fazendo com que as pessoas enxerguem seus pontos de evolução para que encontrem o caminho para se desenvolverem.

Uma forma de promover o desenvolvimento das pessoas é dando a elas certas responsabilidades. Diante de novos desafios, é possível identificar quais são os pontos onde não se está apto o suficiente e que há espaço para evolução.

Muitos desses pontos são notados pelo próprio profissional ao longo da jornada, outros caberão ao líder apoiar o profissional na identificação e na construção do seu plano de desenvolvimento.

Outro aspecto a considerar é o compromisso pelo plano de desenvolvimento pessoal. Embora seja papel do líder apoiar seu time no desenvolvimento, certas coisas somente podem ser feitas pelo próprio indivíduo.

Ninguém pode ler um livro pelo outro. Não há como você mudar uma atitude por mim. É fundamental que o profissional encare, com seriedade e dedicação, o seu plano de desenvolvimento, seguindo com disciplina as ações que elencou para buscar evolução.

Ao líder, compete caminhar ao lado, acompanhando e fornecendo novos feedbacks conforme enxergar a necessidade. Que seja dedicado o tempo necessário para o desenvolvimento, mas apenas para quem faz por merecer. A motivação em ser melhor deve estar presente no íntimo do profissional.

Todos nós somos capazes de criar novas versões de nós mesmos em intervalos curtos de tempo. E líderes legítimos têm orgulho do crescimento do seu time.

Um conceito que se provou muito valioso ao longo do tempo, diante de todo crescimento que a Hiper teve, foi o fato das pessoas que fizeram a Hiper chegar aonde chegou seguirem crescendo e se desenvolvendo, gerando novas versões de si, como pessoas e como profissionais.

Sob o ponto de vista de desenvolvimento do time, o foco deve ser em conduzir as pessoas para que tenham capacidade de caminhar com segurança e autonomia durante a jornada. É melhor entregar um relógio para cada um dos seus liderados do que deixar as pessoas dependentes de você para saberem que horas são.

📌 *Não devemos fazer sombra.*
As pessoas do nosso time
precisam encontrar o caminho
livre para fazerem seu trabalho.

O QUE TE IMPEDE?

> *Apoiar, aconselhar e deixar o caminho livre: isso requer a nossa dedicação.*

Tenha um framework de gestão

Um bom líder é aquele que consegue conduzir o seu time para os resultados esperados. E muito desse sucesso virá da rotina do líder e da sintonia deste com as ações executadas pelo time.

Ajustes de rota são frequentes, por mais experiente que o time seja. Obstáculos vão surgir a todo momento. Períodos de maior tensão vão se somar a períodos de tranquilidade. É assim que funciona o trabalho em equipe, seja em empresas menores, mais novas e pouco experientes, seja em grandes companhias.

Para poder estar por dentro do que está acontecendo no seu time e ao redor dele, o líder precisa desenvolver uma agenda frequente de interações e acompanhar os indicadores de forma rigorosa, intervindo e apoiando o time para seguir seu caminho da melhor forma possível e entregar os seus resultados esperados. Essa rotina eu chamo de *framework* de gestão. Todo líder precisa de um.

Se a agenda do líder estiver com mais assuntos particulares do que assuntos de interesse do time, tiro no pé, na certa. Bons líderes são bons mentores e grandes servidores de seus liderados. Os resultados dependem tanto da execução por parte do time como da orientação e condução do líder.

Um *framework* de gestão nada mais é que uma série de rituais planejados, com horários e agendas predefinidos, entre o líder e seus liderados, para que se gere um hábito que envolve a dedicação de um tempo exclusivo para revisar planos de ação e avanços dos respectivos resultados, além de pautas para alinhamento de assuntos pertinentes a uma eficiente execução dos trabalhos.

📌 *Na prática,
serão rituais de gestão
seguidos à risca, com disciplina.*

Dessa forma, o gestor não precisa ficar cobrando resultados sempre que esbarrar com alguém do time ou colocando assuntos aleatórios quando estiver conversando com alguém, uma vez que existem momentos agendados para que sejam debatidos tais assuntos.

Vou exemplificar como eu aplico o *framework* de gestão na Hiper. Considere que algumas atividades podem não fazer sentido para todos os times, bem como podem ser pouco eficientes dependendo do porte e do momento de cada empresa.

Vale estudá-las e adaptá-las para cada caso, só não vale deixar as semanas passarem em branco e sentar-se para falar de resultados quando o mês se encerrar, pois aí é tarde demais.

Só não vale deixar as semanas passarem em branco e sentar-se para falar de resultados quando o mês se encerrar, pois aí é tarde demais.

@TIAGO.VAILATI

Check-in semanal de metas

Como explicado em detalhes anteriormente neste livro, na Hiper nós adotamos a metodologia OKR (*Objectives and Key Results*) para gestão das metas. Com isso, temos uma agenda semanal, com duração de 1 hora, às sextas-feiras, no início da manhã, para repassar os avanços nos resultados.

Nessa agenda, participam todas as pessoas do time que são donos de alguma meta. O objetivo é fazer um acompanhamento das ações da semana, o progresso dos indicadores e os próximos passos planejados.

Pauta executiva com os liderados

Faz parte da agenda semanal de cada gestor realizar uma reunião semanal com seu time, com o intuito de acompanhar o avanço dos planos de ação, projetos em curso e desdobrar assuntos de alinhamento.

No meu caso, na posição de CEO, eu conduzo uma agenda semanal, individualmente, com os diretores e alguns gestores mais sêniores do time, com duração de aproximadamente 1 hora cada.

No nosso encontro semanal, abordamos uma pauta executiva formada por: placar da semana (KPIs de alto nível do seu time), temas que precisam de apoio ou direção, tomadas de decisão que precisam da minha opinião e assuntos que eu quero discutir com eles.

É um encontro muito rico para manter-se atualizado sobre o andamento das frentes diretamente ligadas a você, onde é possível acompanhar a performance de cada área e entender quais os temas que requerem maior atenção e, eventualmente, agendas específicas para aprofundamento.

Reunião geral com todo o time

Como garantir que as mensagens estejam chegando a todo o time? Por mais que se procure desdobrar as mensagens através das lideranças, as mensagens vindas da alta gestão têm um efeito superpositivo, principalmente em aproximar as pontas.

Criar um encontro periódico que envolva todas as pessoas da empresa é uma ferramenta superpoderosa de comunicação e alinhamento. Em outro momento, foi apresentada em detalhes a Reunião 360°, implantada na Hiper em 2016 e que, depois de 200 edições (ainda contando...), mais do que provou sua importância para manter as pessoas envolvidas e sintonizadas com o momento atual e os próximos passos.

Acredite, sempre haverá o que comunicar, mesmo que, inicialmente, você imagine o contrário. Falar de resultados e deixar as pessoas cientes do momento, gerenciar expectativas e alinhar prioridades geram bons insumos para a pauta com o time.

Comece com um encontro quinzenal, se você achar que não há necessidade de fazer semanalmente. Mas jamais negligencie a importância de estar frente a frente com todo o time.

Reunião mensal de resultados

Com uma frequência mensal, reúna-se com as lideranças do nível mais estratégico para fazer um acompanhamento nos resultados do mês, passando pelas finanças e pelos indicadores principais de cada área.

Esse momento serve para fazer um balanço do mês e realizar o alinhamento entre todos os líderes principais do negócio sobre como estão caminhando as áreas da empresa e realizar uma rica troca de informações.

Revisão da gestão orçamentária

Uma recomendação a ser considerada é a adoção da gestão orçamentária para direcionar o planejamento da empresa.

Consiste num plano financeiro no qual são projetadas, na linha do tempo, normalmente com uma visão de dois ou mais anos, as receitas, impostos, custos, investimentos e linhas de despesas do negócio. Dessa forma, consegue-se estabelecer uma expectativa dos resultados da companhia.

Se você não é familiarizado com o assunto, recomendo fortemente que se dedique à leitura e aprofundamento nesse tema, ele será uma ótima ferramenta para planejamento e execução estratégica.

Mais importante do que criar o plano é mantê-lo atualizado, refletindo os resultados dos meses conforme vão acontecendo. Crie um hábito de, pelo menos uma vez ao mês, reunir-se com o responsável pela gestão orçamentária e realizar uma revisão dos resultados.

Reunião de conselho de administração (ou consultivo)

Para empresas que possuem um conselho de administração, essa agenda acaba sendo um ritual bastante regular, normalmente com frequência mensal, onde são reunidos os conselheiros para apresentação dos resultados do período que acaba de encerrar e, principalmente, discussão de temas estratégicos.

Cada conselho combina seu ritual e a estrutura da pauta das reuniões. O que cabe a mim é reforçar a você que, quando puder contar com um conselho, procure por pessoas de alto nível que, mais do que avaliar os resultados, possam servir de mentores para você como líder e para o desenvolvimento do negócio.

A grande riqueza de um conselho de administração está nisso, por mais que tenha um enfoque deliberativo, desenvolver uma natureza consultiva será muito benéfico. Por isso, olhe para os desafios que a empresa está enfrentando (e os que virão) e convide bons conselheiros para ajudar você no amadurecimento de ideias e pensamento estratégico.

Líder + liderado (1-on-1)

Como líder você precisará dedicar um tempo exclusivo e individualizado para cada liderado. Isso ajuda muito na construção da carreira do liderado, bem como no fortalecimento dos laços entre vocês. Procure manter um intervalo curto entre os encontros, faça de maneira breve e bastante direcionada à discussão de certos temas que fazem parte do cotidiano.

Tanto a frequência como a intensidade serão determinantes para se colher bons frutos. Uma boa prática é deixar o liderado sugerir o tema que deseja abordar, normalmente pautado em desenvolvimento de carreira, performance, desafios profissionais ou da vida pessoal ou clima organizacional.

Combinar previamente o tema é um bom começo para se ter uma boa conversa. Prepare-se bem para o encontro e seja um bom ouvinte, procurando sempre ser dinâmico e controlado no tempo de duração.

Essas são algumas das práticas que eu considero que geram enorme contribuição para a gestão de uma empresa e condução de um time com enfoque nas camadas estratégica, tática e operacional. Independente do porte da empresa, criar o hábito de organização e orientação da gestão para os resultados não é um capricho, é uma necessidade.

Um cuidado a se tomar é não sobrecarregar a sua agenda e, consequentemente, a do seu time com compromissos relacionados aos rituais do seu framework de gestão. É essencial que haja um bom equilíbrio para que as pessoas se envolvam na dose certa

Independente do porte da empresa, criar o hábito de organização e orientação da gestão para os resultados não é um capricho, é uma necessidade.

@TIAGO.VAILATI

em agendas complementares, estejam na maior parte do tempo presentes nos seus times e direcionem o foco para a execução.

Conforme o negócio cresce, um risco que não se deve correr é de se distanciar das pontas, onde a operação está pulsando e é lá que, certamente, estão correndo os assuntos vitais para o futuro da empresa, principalmente aqueles que envolvem o relacionamento da empresa com seus clientes.

Como gerenciar bem o seu tempo, delegar sem receio e ser mais produtivo

Acabamos de passar pela importância de se planejar um conjunto de agendas periódicas para estar em linha com o que o time vem fazendo, e poder transmitir a visão correta dos passos a serem dados pelas pessoas sob sua liderança.

Não é raro, nos negócios, passarmos os dias numa velocidade que deixa a dúvida se estamos sendo de fato produtivos. Tenho certeza de que, assim como eu, você já chegou ao final de um dia de trabalho com o sentimento de que não conseguiu fazer tudo o que gostaria, mesmo tendo passado o dia inteiro envolvido na execução de atividades.

Esse sentimento é ruim e pode trazer problemas com o tempo. Se sentimos que não estamos dando conta do recado, de fato, podemos estar deixando coisas prioritárias para trás, desviando a atenção de temas fundamentais, que, se não bem resolvidos, voltam-se contra nós como as urgências do dia a dia, que tiram o sossego e causam impacto no nosso bem-estar.

O QUE TE IMPEDE?

Durante minha vida profissional, sempre procurei ser produtivo e adquiri alguns hábitos que me ajudaram muito, como a atitude transformadora de dizer não para coisas que não fazem sentido para o momento, mesmo que sejam boas ideias, e de procurar estar no comando da minha lista de atividades e compromissos, de maneira pragmática, desviando de temas que interrompem o planejado e nos desviam do foco.

Sim, você pode dizer não para boas ideias. Você sempre terá mais informações, ideias e temas que exigem sua atenção do que será capaz de absorver. A única maneira de não deixar sua vida entrar em colapso é encontrar maneiras de lidar e processar tudo o que chega até você.

Além dos compromissos e atividades profissionais, você precisará dar atenção aos e-mails, ler e responder mensagens, interações em redes sociais, consumir notícias e conteúdo de seu interesse, além das demandas da sua vida pessoal.

Mesmo dizendo não para muitas coisas, ainda assim será demais. Fique calmo, é possível dar conta de tudo. Dentre as diversas técnicas e metodologias que conheci até hoje, existe uma que se enraizou na minha vida.

Vou compartilhar com você como adaptei e encaixei a metodologia *Getting Things Done* (GTD) na minha rotina profissional e consegui, de fato, estar no controle das minhas atividades. O método GTD foi criado pelo norte-americano David Allen, especialista em produtividade, e disseminado mundo afora a partir do livro de sua autoria *Getting Things Done* ou *A arte de fazer acontecer*, versão em português.

Se você quiser conhecer o método a fundo, recomendo a leitura do livro do David Allen. A seguir, vou explicar como eu aplico no meu dia a dia, com certos ajustes que tornaram o método mais aderente à minha rotina.

Organizando tudo o que chega até você

O primeiro ladrão de tempo e a primeira coisa que você precisa organizar na sua vida, se quiser ser produtivo, é conseguir processar tudo o que chega até você, eliminando de imediato o que não serve e separando o que precisa ser avaliado, planejado e executado.

Muita gente fala sobre o sonho da *inbox zero*, fazendo referência à caixa de entrada de e-mails vazia, sem nenhuma mensagem pendente para leitura. É um sonho, talvez algo que nunca se realize. No máximo, você chegará a alguns minutos sem nenhum e-mail brotando na sua caixa de entrada, mas ficar com ela vazia é utopia.

E digo mais, não se preocupe com isso. O que você precisa, de fato, é saber lidar com tudo o que chega até você. Foi-se o tempo em que a caixa de entrada de e-mails era a única fonte de assuntos a serem processados.

Para quem é ativo em redes sociais ou usuário de ferramentas de mensagens instantâneas como o WhatsApp, Telegram e afins, é mais fácil receber mais demandas por esses canais do que pelo e-mail. Todas essas fontes de informação nós vamos chamar de *caixas de entrada*.

Para começar, defina uma única ferramenta onde você fará a gestão dos seus afazeres. Pode ser algum aplicativo para listas, como o famoso *Trello* ou então, como no meu caso, o *Notion* (também usei muito tempo o *Evernote*), onde em um único documento consigo conciliar as listas de atividades, textos, links e imagens.

Para administrar tudo o que chega até você nas suas caixas de entrada, crie uma lista para isso na ferramenta que você escolheu, eu chamei essa lista de *INPUTS*. Nela, você vai adicionar tudo o que você recebeu através das suas caixas de entrada e que você entendeu que o assunto precisa ser avaliado com mais tempo, ou seja, não é algo que em 5 minutos você resolve.

Se é algo que você resolve rapidamente, como um e-mail que pode ser respondido na hora ou uma leitura rápida, faça imediatamente. Se o assunto exigir uma atenção maior, adicione na sua lista *INPUTS*.

O objetivo é que você chegue ao final do seu dia, sempre com a sua lista de *INPUTS* limpa, sem nenhum assunto pendente. Isso não quer dizer que você vai precisar executar todas as ações da lista de *INPUTS*. Significa que você planejou tudo, para ser feito no tempo certo, e colocou cada item importante no seu devido lugar, nas demais listas que você conhecerá nas próximas páginas.

Suas próximas ações

Crie uma lista para concentrar as ações que você vai fazer o mais breve possível. Divida-a em três tópicos: ações para fazer durante o trabalho, contatos para realizar e ações para fazer fora do trabalho.

No primeiro tópico, estarão as atividades que tem a ver com a sua rotina de trabalho, que você vai executar enquanto trabalha. O segundo tópico contém os contatos para realizar, como algum retorno que precisa ser dado para alguém. Eu procuro separar essas atividades nesse tópico, pois os contatos podem ser feitos durante algum deslocamento ou entre momentos de intervalo entre uma atividade e outra.

Por fim, separe num terceiro tópico, aquelas atividades que podem ser feitas fora do horário de trabalho, coisas da sua rotina pessoal ou alguma leitura que deseja fazer, por exemplo.

Lidando com o que foi delegado

É comum que certas atividades envolvam terceiros, sejam pessoas do seu time ou não. Quando você delega alguma atividade para alguém, eu considero imprescindível que você mantenha isso sob sua supervisão, para que possa acompanhar a evolução.

Nesse caso, adicione numa lista de *assuntos que estão aguardando um retorno de alguém*. Dessa forma, quando você estiver revisando suas listas, você lembrará de fazer um acompanhamento sobre o andamento de tais demandas.

Se a agenda do líder estiver com mais assuntos particulares do que assuntos de interesse do time, o resultado será um tiro no pé, na certa.

@TIAGO.VAILATI

Coisas para algum dia

Sabe aquelas demandas que você não tem certeza se deveria abraçar ou descartar? Pois bem, quando você sentir um aperto no peito para descartar certo assunto, coloque na lista de *coisas para algum dia*.

Com isso, sempre que estiver revisando suas listas, você passará pelos itens que você pensou dar atenção em algum momento e analisará se chegou a hora de serem planejados. Quem sabe ali estarão temas que você deseja estudar ou assuntos que não exigiram tanta prioridade quando chegaram até você, mas que podem se tornar importantes em algum momento.

Projetos

Nem sempre as demandas são iniciadas e concluídas com apenas uma atividade. Da mesma forma, você pode não ser capaz de abraçar todas as atividades para realizar tais demandas por completo.

Por isso, eu indico a você que separe uma lista para adicionar os *projetos* que você tem no seu radar. Um exemplo simples, imagine que você deseja viajar com a família nas próximas férias. Certamente, você já visualizou algumas atividades que precisarão ser executadas até o momento de partir para as merecidas férias.

Os projetos contemplam uma sequência de atividades, que vão sendo trazidas para a sua lista de próximas ações conforme você avança na execução e, da mesma forma, não deixam de ser planejados com o tempo e a dedicação que exigirem.

Assuntos de pauta para compromissos de rotina

Dentre as ações do seu dia a dia, você terá assuntos que precisam ser debatidos e alinhados dentro da sua rotina de agendas e compromissos. Nós falamos anteriormente sobre o *framework* de gestão, logo, você já tem alguns bons exemplos de agendas que serão frequentes e que requerem que você se prepare com antecedência.

É certo que passarão pelas suas *caixas de entrada* uma infinidade de assuntos que não se transformarão imediatamente em ações planejadas, mas que podem e devem ser debatidos com seu time para refinamento e conclusões a respeito.

Para não ficar colocando assuntos a todo momento nas caixas de entrada das demais pessoas do time, é recomendado que deixe na sua pauta para alinhamento no momento oportuno, claro, quando a urgência permitir. Com isso, quando você estiver se preparando para determinada reunião, consulte a lista de *assuntos de pauta* e capture o que for pertinente.

Revise tudo semanalmente

Pareceu demais a quantidade de listas que foram apresentadas? Na verdade, você lida com tudo isso o tempo todo, mas não se dá conta. O segredo do sucesso desse método de organização pessoal e gestão do tempo está no fato de você desocupar sua mente das preocupações sobre certos assuntos e poder dedicar-se com profundidade ao que estiver executando.

Somado a isso, tem o fato de que você não precisará parar a todo momento para refletir sobre certas demandas, pois você tem a sua lista de *INPUTS* para colocar todo e qualquer assunto que chegou até você e que você entendeu que precisa refletir a respeito em algum momento, ou aquelas ideias mirabolantes que acabam surgindo na sua mente quando você menos espera.

Para que você consiga repassar tudo o que está contido nas listas que criou, reserve uma atividade na sua agenda para todo início de semana, cujo intuito é fazer uma revisão nas suas listas e planejar o que deve ser priorizado e adicionado na sua lista de *próximas ações*, bem como ser descartado em definitivo.

Se você é usuário de alguma ferramenta de agenda, reserve 30 minutos todo início de semana. Você pode adicionar um compromisso que se repete automaticamente todas as segundas-feiras de manhã, por exemplo.

É melhor entregar um relógio para cada um dos seus liderados do que deixar as pessoas dependentes de você para saberem que horas são.

@TIAGO.VAILATI

Novamente eu reforço, não encare metodologias com purismo em demasia. Mesmo que funcione bem para alguém, não significa que precisam ser seguidos à risca. Quando, na prática, algo não faz sentido, sinta-se livre para adaptar. Não é errado ajustar os procedimentos, o que importa é funcionar.

Centralize o necessário: o método da linha d'água

Delegar ou centralizar? Eis um dilema constante na vida de todo líder.

A resposta é: ambos.

> *Existem dois tipos de decisões. As que permitem reversão e as que são definitivas.*

Jeff Bezos, fundador da Amazon, faz analogia da tomada de decisões com dois tipos de portas. Existem as que abrem de um lado só, uma vez que você entrou não tem mais como voltar atrás, e as que abrem dos dois lados, que permitem que você entre e saia.

É um pensamento bastante simples, mas perfeitamente alinhado com as decisões que nos envolvemos diariamente. Existem decisões que permitem que voltemos atrás, reajustando o rumo a ser seguido. Porém, existem aquelas que, uma vez tomadas, são irreversíveis.

O que traz insegurança para o líder é deixar a tomada de decisão nas mãos de outras pessoas, mesmo daquelas que ocupam posições de liderança no time. Mas saiba que decisões devem ser tomadas logo, principalmente as mais difíceis, pois quanto mais o tempo passa, mais difíceis se tornam.

Tem algo do qual não se pode escapar. Com a evolução da empresa e com o crescimento dos times, é natural que não se consiga estar presente em todas as tomadas de decisão. Mais do que aprender a delegar, é preciso aprender a conviver bem com as decisões tomadas por outras pessoas, tanto as que trazem reflexos positivos como as que não trazem.

Existe um método que funciona muito bem para mim no que se refere à delegação de responsabilidades e tomada de decisão: a linha d'água.

Na prática, você define os assuntos sobre os quais a tomada de decisão estará 100% nas mãos de terceiros e, da mesma forma, aqueles assuntos que exigirão a sua validação antes de qualquer decisão ser tomada.

📌 *Pense num barco sobre a água.*

Se você furar o barco acima da linha d'água, nada de pior acontecerá. Já se o furo estiver abaixo da linha d'água, prepare-se para consertá-lo antes que seja tarde demais.

Decisões que envolvam assuntos que estejam acima da linha d'água são aquelas que permitem fácil reversão ou não tem um impacto tão amplo sobre o negócio, ou seja, se causarem algum defeito no barco ("o seu negócio"), esse defeito estará acima da linha d'água e não pode provocar o afundamento.

Do mesmo modo, decisões tomadas sobre os assuntos abaixo da linha d'água podem causar efeitos colaterais danosos para o negócio e devem ser tomadas com maior cautela, considerando o seu envolvimento ou de um grupo de gestores seniores.

Normalmente, decisões abaixo da linha d'água são mais estratégicas, relacionadas aos rumos do negócio, para onde vamos e no que devemos direcionar energia. Já as decisões acima da linha d'água são mais táticas e operacionais, que envolvem a maneira como as coisas são planejadas e feitas.

> *As empresas tornam-se pesadas, lentas e perdem oportunidades por causa da centralização de decisões. O cotidiano nos negócios é muito dinâmico.*

Estabelecendo a linha d'água com o seu time, você dá autonomia às pessoas para tomarem decisões. O objetivo é que as decisões sejam tomadas com mais agilidade e, aquelas que requerem mais cautela, sejam deliberadas com o envolvimento de pessoas mais experientes.

Uma vez que ficou claro que se tomou uma decisão incorreta, corrija depressa. E o ato de corrigir, certamente envolverá novas tomadas de decisão. Logo, fica clara a importância de ser ágil quando o assunto é decidir o que fazer.

Na maioria das vezes, precisamos apenas encontrar o ponto de equilíbrio, confiar mais em nós mesmos e acreditar no que vem de dentro.

@TIAGO.VAILATI

Mantenha a estrutura de gestão simples e enxuta

Uma das filosofias que marcaram a trajetória da Hiper, e ajudou muito a empresa crescer sem perder a sua agilidade e não virar um negócio burocrático e obsoleto, foi um dos valores do nosso Código de Cultura que era *Ser simples e enxuto*.

> *Como empreendedor de primeira viagem, deparei-me várias vezes com o pensamento de como a Hiper seria no futuro, diante do crescimento que era planejado e que vínhamos vivendo.*

Eu enxergo que a maioria das empresas vai se tornando burocrática e criando processos que engessam a maneira como as coisas são feitas. O resultado são empresas pesadas, lentas e que perderam suas essências.

Muitas vezes, certos procedimentos implicam em regras que só servem para criar pessoas acomodadas, que não querem mexer na maneira como sempre fizeram as coisas, logo, criam pedágios e regras, para que as coisas não saiam do controle, sendo que o indicado, na maioria das vezes, era rever completamente a maneira como certos processos são feitos e promover as mudanças necessárias.

Na maioria das vezes, falta vontade para jogar fora o que se tinha como *modus operandi*, descartar o jeito como as coisas sempre foram feitas, pegar uma folha em branco e começar a pensar do zero numa maneira mais eficiente de fazê-las. Ou seria coragem a palavra certa para descrever tal atitude?

Por mais que se lute contra, as empresas vão ficando complexas com o tempo. Mas, assim como num copo de água suja existe a água no seu estado mais puro, numa empresa complexa ainda existe a simplicidade. Basta purificá-la.

Não permita que o discurso de que "as coisas sempre foram assim" se perpetue no seu negócio. Isso não é papel somente do empreendedor ou do alto escalão da gestão, cabe a qualquer pessoa que pense e aja como um protagonista.

Seja você, na figura de líder, o primeiro a promover as mudanças. O primeiro passo é evitar que a empresa se transforme numa estrutura hierárquica complexa, com cargos que coloquem as pessoas em posição de bloqueadores da criatividade e inovação.

Por outro lado, você deve cuidar para não haver um desequilíbrio nos papéis de liderança, deixando líderes com sobrecarga de liderados, o que fará com que a gestão não consiga atender a toda a demanda existente.

Conforme as empresas escalam, a estrutura organizacional de gestão e divisão dos times passa a ser um assunto estratégico e de grande impacto nos resultados. Mais do que contar com gente boa, é preciso estar bem-organizado quanto à estrutura dos times.

Se procurarmos idealizar a estrutura perfeita, vamos chegar a um diagrama muito bem desenhado, com o CEO no topo, seus diretores logo abaixo com seus respectivos gestores e o restante do time logo a seguir.

O desafio é que, na prática, as coisas são muito mais dinâmicas. Pessoas são contratadas fazendo com que os times cresçam, mudanças de papéis vão acontecendo dentro dos times, novas demandas vão surgindo e, após tudo isso, os desequilíbrios aparecem.

A premissa principal numa estrutura de gestão é o tamanho ideal dos times que possibilitem uma eficiente dinâmica de interação entre líderes e liderados. O ideal é que cada líder trabalhe com até 8 pessoas diretamente. Isso não está escrito em pedra, obviamente que alguns times podem funcionar com estruturas maiores.

Contudo, deve sim existir um limite, um número máximo de liderados para cada gestor, pois se refletirmos sobre a quantidade de atividades que são essenciais num *framework* de gestão, entenderemos que o número ideal de pessoas estará diretamente ligado às atividades de rotina que um gestor precisará executar, dedicando uma boa parcela do seu tempo ao desenvolvimento do seu time.

Além das atividades que ficam sob a responsabilidade de um gestor, existem as agendas recorrentes, como as reuniões semanais com o time, os encontros entre líder e liderado, participação nos processos seletivos, treinamentos e demais atividades ligadas ao desenvolvimento do time.

Enumerando o tempo direcionado a cada uma dessas atividades recorrentes, chegaremos a um considerável montante de tempo que está diretamente ligado ao número de pessoas que um gestor se relaciona diretamente. Se um gestor possui dez pessoas no seu time, é bem provável que, na sua semana, pelo menos dois dias estejam completamente comprometidos com atividades de rotina.

Olhando para o crescimento do time, é imprescindível que se dedique atenção para a formação de lideranças, que vão assumindo papéis de gestores mais próximos à operação e, da mesma forma, permitindo com que os times escalem sem que aconteça sobrecarga nas camadas de gestão.

É natural que a estrutura de gestão vá se formando aos poucos, conforme o amadurecimento das empresas. A maturidade chega quando um negócio consegue contar com os papéis de diretoria, orientados a definir para onde a empresa seguirá, numa ótica mais estratégica, seguidos pelos gestores com papel mais tático, focados na definição de como as ações serão executadas e que, dependendo do tamanho dos times, podem contar com coordenadores que apoiam na supervisão dos times, no desdobramento dos planejamentos e acompanhamento da execução.

Siga seu coração

Mesmo com todas as técnicas, metodologias, ferramentas e boas práticas, o empreendedor desenvolve uma habilidade com o tempo que é poderosíssima: a intuição.

Por mais analítico que você seja, existirão momentos em que será difícil chegar a uma conclusão para tomar uma decisão. São momentos em que você sentirá insegurança, e todas as alternativas parecem, no máximo, meio certas.

📌 *Nessas horas,
ouça o seu coração e
considere o que aponta a sua intuição.*

Já me aconteceram inúmeras situações, onde a resposta mais óbvia estava diante de mim, mas nenhum caminho me levava a ela. Quantas e quantas vezes, os problemas pareciam sem uma solução e, de repente, de algum lugar do meu interior, surgia um caminho a seguir. Chame do que preferir, só não deixe de dar valor para a voz que vem de dentro.

Quer uma dica de como exercitar isso? Se você se vir diante de um problema sério ou uma decisão difícil, não force a barra para chegar a uma solução imediatamente. Deixe aquele tema em aberto e procure desviar a atenção para outros assuntos.

Deixe passar um tempo, vá fazer algum exercício ao ar livre, uma corrida, uma caminhada, algo que mexa com o seu corpo e que estimulará a sua mente. Reflita sobre o problema. Nessa hora, você estará desconectado de boa parte dos estímulos externos e estará conectado com a sua intuição.

Reflita com calma, desenvolva ideias e procure caminhos. Normalmente, nessas ocasiões, você acaba olhando para o problema através de outro ponto de vista. Provavelmente, você construirá raciocínios que não tinha considerado até então.

Se você busca o sucesso, reflita sobre como anda sua disciplina. Pessoas inteligentes existem aos montes. Inteligentes e disciplinadas são mais raras de se encontrar.

@TIAGO.VAILATI

Lidere sem fazer sombra

Nem sempre você precisará de uma resposta certa. Certas decisões são tomadas a partir do que parece ser o mais indicado, considerando as incertezas e uma boa dose de insegurança.

Somos seres humanos, repletos de medo, ansiedade e emoções. Na maioria das vezes, precisamos apenas encontrar o ponto de equilíbrio, confiar mais em nós mesmos e acreditar no que vem de dentro.

Não esqueça de cuidar de você

Para ser um empreendedor de sucesso, um líder de sucesso, enfim, ser uma pessoa bem-sucedida, você não precisa de sorte. Tudo o que você precisa é equilíbrio, mente sã e uma boa condição física.

Falta de tempo não serve mais como justificativa para qualquer carência de atenção sua para você mesmo. Sendo disciplinado você consegue. Você não precisa de muito tempo, você precisa de tempo de qualidade direcionado ao que importa.

> *O principal desequilíbrio que observo nos empreendedores vem da dedicação de tempo em demasia às atividades profissionais e pouco tempo para o descanso e cuidados com o corpo e com a mente.*

Existem estudos que trazem à tona o elevado nível de divórcios envolvendo empreendedores. Mais um efeito do desequilíbrio no tempo de qualidade dedicado a si próprio e às suas famílias.

Se ainda não é algo comum para você, comece a dar valor para atividades físicas, leitura e o desenvolvimento de hábitos de lazer e entretenimento com as pessoas com quem você convive fora do círculo profissional.

Além das suas atividades profissionais, escolha uma atividade que estimule a sua criatividade e outra que mexa com o seu corpo. Encontre algumas horas na sua semana para encaixá-las. Desligue das atividades profissionais enquanto estiver dedicado a elas. Estes serão momentos em que você estará investindo em si próprio e o grande beneficiado será você mesmo.

Não estou afirmando que seja simples encaixar atividades como essas que citei numa rotina, normalmente agitada, à frente dos negócios. Mas com disciplina você consegue. Disciplina é a chave de tudo.

Durante muito tempo fui obstinado na execução das atividades da Hiper. Não tirava tempo para cuidar de mim. O resultado foi um nível de estresse elevado, ganho de peso e uma baixa qualidade de vida.

Jorge Paulo Lemann é um empreendedor referência para mim em diversos aspectos. Tenho ele como um dos grandes exemplos de disciplina, além de ser uma das pessoas que enaltecem, com frequência, a importância da disciplina para quem almeja ser bem-sucedido.

Pessoas disciplinadas dão conta de fazer mais e melhor e que, no final das contas, faz com que se destaquem. Precisamos entender que são as nossas atitudes que resumem nossas realizações.

Se você busca o sucesso, reflita sobre como anda sua disciplina. Pessoas inteligentes existem aos montes. Inteligentes e disciplinadas são mais raras de se encontrar.

Uma fase bastante atribulada da jornada da Hiper, foram os quatro meses que duraram o período da venda da companhia para o grupo Linx. Para quem não é muito familiarizado com um processo de venda de uma empresa, existem algumas fases bastante tensas, que envolvem desde acordos iniciais, auditorias e a negociação dos contratos de venda, além das fases iniciais pós-venda.

Todos esses momentos exigem muito do seu equilíbrio emocional. É natural você se ver com o negócio dando certo, no dia seguinte achar que tudo foi por água abaixo e, no próximo, você se enxerga com tudo no lugar novamente. São altos e baixos frequentes.

Eu nunca tinha vivido uma negociação como essa, a venda da Hiper foi a minha primeira experiência conduzindo uma transação com tanto peso, que mudaria as vidas dos empreendedores e levaria a empresa a um novo patamar.

Naquele período de quatro meses, eu perdi 8kg. E não atribuo isso ao estresse, muito pelo contrário. Eu vinha de uma reeducação pessoal, estava revendo meus hábitos, tornei-me uma pessoa muito mais disciplinada.

Um bom líder cuida das suas pessoas. Portanto, comece cuidando da pessoa que mais requer sua atenção: você mesmo.

@TIAGO.VAILATI

Eu havia mudado muito, regulei a alimentação, buscando alternativas mais saudáveis, comecei a praticar corrida e mantive minha rotina de desligamento total do trabalho aos finais de semana.

Eu corria por volta de 25km semanalmente, sempre ouvindo algum *podcast* com conteúdo que me acrescentava para o momento. Algo simples de se fazer, a corrida é um dos esportes mais democráticos que existe. Com um tênis no pé, qualquer lugar vira pista de treino. Era como se fosse um *reset* diário, mexendo com o corpo, a mente e o conhecimento.

Quando encerramos o processo de venda da Hiper para a Linx, eu estava em paz. Cansado, obviamente, mas estava com a vida em equilíbrio. De nada adiantam as conquistas se a sua saúde e o bem-estar das pessoas que são importantes para você estiverem prejudicados.

Como empreendedor você precisará ser um bom líder. Um bom líder cuida das suas pessoas. Portanto, comece cuidando da pessoa que mais requer sua atenção: você mesmo.

Se não der para fazer o seu melhor, diga não, negocie, mas não faça um trabalho nota 7.0. O mundo já tem medíocres demais.

@TIAGO.VAILATI

PRINCÍPIO 8
JAMAIS ACEITE QUE ESTEJA BOM O SUFICIENTE

Iniciamos todo novo dia sem saber os desafios que vamos encarar. Até podemos tentar organizar a agenda, programar as atividades, mas não podemos controlar o que vai surgir quando estivermos jogando o jogo.

> Sem dúvida,
> o mínimo de organização ajuda,
> mas não adianta querer controlar
> o que não é controlável.

Devemos sim, acima de tudo, concentrar nossa energia em fazer as coisas da melhor maneira possível dentro das condições que temos para fazê-las. Há uma diferença grande entre fazer o possível e fazer o seu melhor.

Certa vez, li sobre o *modus operandi* do exército americano. Como código de conduta, nenhum soldado, independente da patente, deixa seu companheiro para trás. Durante o combate, o risco está em toda parte, soldados são feridos e ficam sem condições de retornar para a base por conta própria. Nessa hora, alguém deverá carregar o companheiro ferido até um lugar seguro. Isso é fazer o melhor, o máximo que dá para fazer, muito mais do que o apenas possível. Na próxima vez que assistir a um filme de guerra americano, observe isso.

Por outro lado, o padrão dos medíocres é fazer o possível. Esbarramos com gente medíocre a todo momento. O mundo está cheio de gente nota 7.0, aqueles que fazem só o essencial, o mínimo necessário.

Você já deve ter ouvido muitas vezes:

> *vou ver o que dá para fazer, vou fazer o possível."*

Pessoas que pensam assim, normalmente se contentam com a média. Quando achamos que está bom, paramos de questionar e buscar melhorar. É bem provável que seja por isso que temos deixado para depois a oportunidade de nos tornarmos um país de primeiro mundo.

Não quero levantar a bandeira do perfeccionismo. Em muitas situações "o ótimo" joga contra "o bom". Se ficarmos buscando o excepcional em tudo que estivermos fazendo ou por ter a melhor condição para começar, podemos nunca dar o primeiro passo e deixar as oportunidades passarem.

O segredo está no esforço, na dedicação e capricho. Vou dar um exemplo simples. Quando você pede um cafezinho é óbvio o que você espera receber. Em lugares onde se faz o melhor, você receberá um cafezinho e um biscoitinho para acompanhar. Mesmo sem ter pedido, um cafezinho completo faz uma grande diferença. Não se deve servir capuccino para quem pediu um cafezinho, mas servir o cafezinho completo é fazer o melhor, é agradável e caprichoso.

> *Nossa vida é feita de altos e baixos. Vivemos momentos em que estamos com toda condição para fazer um belo trabalho e outros momentos em que precisamos fazer bem-feito, mesmo em condições pouco favoráveis.*

Ao desenvolver a cultura no seu negócio, procure estabelecer certos padrões de dedicação e capricho. Se estivermos sempre buscando fazer o nosso melhor, ainda assim não atenderemos muitas expectativas. Imagine, então, se não houver uma preocupação com isso.

Poder contar com pessoas dedicadas, que se esforçam ao máximo para fazer bem-feito é transformador. Quando você percebe que o desafio é grande, você se sente seguro de que conta com um time de pessoas que não se acomodam com o status quo e vão além.

Como já citei, o diferencial dos negócios passa pela cultura que se estabelece, na maneira como as pessoas em conjunto fazem as coisas acontecerem de um jeito diferenciado. Cultura não se pode copiar, vem de dentro.

Não importam as circunstâncias, não faça o que pode, faça o melhor. Se não der para fazer o seu melhor, diga não, negocie, mas não faça um trabalho nota 7.0. O mundo já tem medíocres demais.

Ninguém vence quem não desiste

Já perdi as contas de quantas vezes tomei a decisão errada e não conseguimos o que era esperado. Falo isso sem receio.

Mais do que a nossa formação ou a bagagem que adquirimos durante a vida, o nível de resiliência é o fator determinante se você espera ter sucesso. Isso vale para quem luta contra uma doença grave, para os atletas de elite, e está presente do baixo ao alto escalão das empresas.

📌 *Todos passamos por temporadas ruins!*

O que nos diferencia é a forma como lidamos com elas, qual casaco escolhemos para enfrentar os dias frios e chuvosos.

Quer ser merecedor da vitória? Aprenda, antes, a lidar bem com as derrotas.

Isso mesmo, tenho certeza de que você já amargou o gosto de fracassar. Acontece com todo mundo, dos mais experientes aos principiantes.

> *O que nos diferencia é a maneira como lidamos com as batalhas perdidas, como administramos a situação e suavizamos o impacto na nossa autoestima.*
> **Vencedores sabem perder.**

Significa que sabem lidar com a carga emocional negativa e não baixam a cabeça diante das frustrações. Fracasso é um estágio momentâneo, não reflete que você seja um eterno fracassado, jamais internalize esse sentimento. Você não controla o que vai acontecer com suas iniciativas, mas pode controlar o quanto as consequências te afetam.

Vivemos numa época de sucessos artificiais, vidas de sucesso ilusório e amplificadas pelo fato de o mundo estar cada vez mais conectado. Todos os dias somos impactados por momentos compartilhados em redes sociais que nos levam a interpretar que as pessoas com quem estamos conectados vivem felizes 100% do seu tempo, sempre vibrando e comemorando suas realizações.

A verdade é que não é comum as pessoas compartilharem suas aflições e momentos de tristeza. O protocolo padrão é sorrir nos corredores e chorar no banheiro, na sua intimidade, sem holofotes.

O QUE TE IMPEDE?

Fuja disso, nós não devemos provar nada para ninguém. Saiba admitir quando algo não está saindo como o esperado e permita-se falhar. A corrida é longa e no final você contará com aqueles que acreditam tanto quanto você no que está sendo construído.

Uma situação que me ensinou muito sobre otimismo, sobre perder o jogo e sair de campo com a cabeça erguida, foi durante a primeira vez que fomos para os Estados Unidos representando a Hiper. Fomos selecionados para uma missão de empreendedores, com delegações estaduais somando mais de cinquenta empresas do Brasil todo, para uma série de eventos na Califórnia, o oásis do empreendedorismo inovador.

Estando lá, todas as empresas participaram de uma capacitação e uma seleção para apresentar-se num Fórum Internacional de Capital de Risco, organizado por entidades brasileiras, cujo público era formado por representantes relevantes do ecossistema de investimento mundial. Não ficamos entre as quatro empresas selecionadas. Dentre as selecionadas, estavam duas empresas da delegação de Santa Catarina, nosso estado. A experiência valeu, mas ficar de fora foi uma derrota.

Bola para frente, seguimos a programação normal. Estávamos todos expondo juntos na *Techcrunch Disrupt*, que naquela época era uma das principais convenções de empreendedorismo, *startups* e inovação, realizada anualmente na cidade de San Francisco, na Califórnia (EUA).

No dia seguinte ao dia da seleção, as quatro empresas iriam para um espaço de *coworking* para refinarem as apresentações e prepararem-se para o grande dia. Eu pedi para acompanhar, apenas para conhecer os bastidores e acabei indo junto com os empreendedores das duas empresas da delegação catarinense, apenas como observador.

Enquanto esperávamos as demais empresas chegarem, percebi que uma delas estava atrasada há pelo menos 20 minutos e a agenda daquele dia começou a acontecer com as empresas que estavam lá. Nesse momento, comecei a ajustar os pontos que havia recebido como feedback no dia anterior, durante a etapa de seleção.

Alguns instantes depois, mergulhado na minha concentração, ajustando meu material, sinto uma mão sobre meu ombro. Olho para trás e vejo que era um dos integrantes do time da organização do evento. A pergunta dele foi se eu estava com a minha apresentação pronta. A resposta foi imediata: SIM!

Foi assim que eu acabei entrando para o grupo de empresas que apresentou no Fórum Internacional de Capital de Risco. Sorte? Destino? Chame como quiser, mas faz o gol quem pede a bola. Saber perder é o primeiro passo para se tornar um vencedor.

A jornada do empreendedor é repleta de altos e baixos, erros e acertos. Ferrou tudo? Tudo bem, levante a cabeça, dê as mãos para o seu time, reajuste a rota e comece a trilhar para o novo rumo.

Nas horas difíceis, muitas pessoas não exercem a resiliência e acabam jogando a toalha. Precisamos saber enfrentar os desafios e aceitar que fracassos fazem parte.

Seja você o primeiro a ameaçar sua própria supremacia, antes que alguém o faça. Quando você menos espera, aparece alguém querendo ocupar seu espaço.

@TIAGO.VAILATI

Sonhamos em ser tão bem-sucedidos quanto muitos dos casos de sucesso que acompanhamos, o que não devemos esquecer é que mais do que vitórias semelhantes, devemos estar dispostos a lutar em batalhas semelhantes.

Seu ponto forte será seu ponto fraco

O instinto de todo empreendedor é batalhar durante muito tempo para criar diferenciais competitivos. Não há quem não queira estar bem-posicionado no mercado, crescer de maneira sólida e ser seguido pelos competidores ao invés de segui-los.

Mas acredite, é supercomum que os grandes diferenciais de um negócio acabem se tornando os pontos fracos, onde vão residir as fraquezas. Não quero fazê-lo pensar que não se deve ter foco em desenvolver vantagens competitivas. Muito pelo contrário. O que quero provocar é a mentalidade de que não se deve blindar tais vantagens e torná-las imutáveis, inquestionáveis.

Sabe por que penso assim? É natural que evitemos mexer nos fatores que se tornaram as fortalezas do negócio. Isso pode vir a ser um problema com o tempo, trazer comodismo, menos flexibilidade e fazer você acreditar que os ventos nunca mudarão de direção.

Pense comigo. Para uma empresa de cosméticos, cujo modelo de negócio é baseado em franquias, que conta com centenas de unidades espalhadas pelo Brasil, sem dúvidas, a rede de franquias é seu ponto forte, afinal garante um grande poder de distribuição para seus produtos.

Nesse caso, qualquer hipótese de inovação no modelo comercial estará limitada a não conflitar com suas franquias. Manter o equilíbrio da relação com a rede e fornecer condições favoráveis para a sustentabilidade dos franqueados deverá estar no topo das prioridades estratégicas.

É por essa razão que muitas empresas consolidadas em seus setores acabaram não sendo ágeis o bastante para combater competidores muito menores e, muitas vezes, novos entrantes forasteiros ao seu nicho de atuação.

Não é por menos que, atualmente, os grandes bancos sofrem para acompanhar a velocidade de pequenas startups que surgem oferecendo melhores experiências nos serviços onde até então reinavam absolutos.

Aceite o fato de que devemos estar sempre alertas para nossos pontos fortes, afinal eles se tornam nossos pontos fracos se não adotarmos uma postura de questionar e, se preciso for, repensar.

Negócios de sucesso são feitos por líderes que vão para cima e tem humildade para reconhecer que os fatores que fizeram o negócio chegar até o estágio atual não são obrigatoriamente os mesmos que o levarão para o futuro.

Para mim, velocidade e simplicidade na execução é o que empodera a inovação. Isso é muito mais determinante do que o tamanho do negócio e capacidade de investimento. Não é o maior que vence, é o mais rápido. Alguém sai na frente, e os outros seguem fazendo com que o diferencial de hoje seja o trivial de amanhã. A melhor maneira de manter-se no topo é inovar constantemente.

Não devemos nos arriscar em excesso, mas também não ter medo de correr riscos. Se tudo estiver muito calmo, pacífico, talvez até tedioso, pode ser que tenha encontrado sua zona de conforto, esteja deitado numa grande piscina de gelatina. Seja você o primeiro a ameaçar sua própria supremacia, antes que alguém o faça. Quando você menos espera, aparece alguém querendo ocupar seu espaço.

Não deixe esqueletos no armário

Não existe jeito certo para fazer a coisa errada. Isso se aplica muito no mundo dos negócios. O brasileiro tem fama de procurar um jeitinho para fazer as coisas na contramão do que é apontado como certo.

O problema está no reflexo das atitudes erradas, aquelas que estão desalinhadas com o que a legislação recomenda ou que ferem a ética. É como se, para cada atitude errada, você guardasse um esqueleto no armário. Cedo ou tarde você precisará dar uma solução, não tem como deixar o esqueleto escondido por muito tempo sem que seja percebido.

O primeiro aspecto que quero chamar a atenção é a legislação tributária. Ninguém pode escolher se vai ou não pagar os impostos, uma vez que você se torna empreendedor e abre sua empresa, você passa a ser conhecido como "o contribuinte", ou seja, de forma passiva você passa a ter uma obrigação tributária nas esferas municipais, estaduais ou com a federação, de acordo com os produtos comercializados ou serviços prestados.

Logo, uma das primeiras assessorias que todo empreendedor precisa buscar é a contábil. Dispor de um bom contador é fundamental para que se esteja em dia com o que a legislação tributária determina.

É inacreditável a quantidade de mudanças que acontecem todos os meses na legislação tributária, e o papel do contador é de estar atualizado quanto às mudanças e fazer com que as empresas se adequem ao que determina a lei.

Voltando a falar do perfil do empreendedor brasileiro, não é incomum presenciar a prática de caminhos alternativos para driblar a legislação tributária e beneficiar-se, de maneira ilícita, do não pagamento de impostos. Isso faz com que se gere um passivo que pode vir a ser descoberto e provocar graves consequências, tanto financeiras como de natureza criminal.

Talvez isso não seja uma novidade para quem empreende. O que quero reforçar é que o empreendedor deveria desviar da tentação de obter vantagens nesse sentido. É possível fazer um negócio de sucesso, sem sonegar impostos ou desfrutar de vantagens ilícitas.

Outro aspecto que jamais deveria ser negligenciado é o respaldo jurídico. Não deixe de investir em uma assessoria jurídica desde o começo. Os primeiros contratos com clientes já deveriam ser feitos com uma formalização, uma assinatura de contrato de fato, documentando os compromissos e direitos de cada parte, bem como os passos a serem seguidos se um rompimento for necessário.

Se tudo fluir sempre bem, ótimo. Agora, se algo entrar em discussão pode evoluir para desentendimentos maiores e consequências que podem acarretar grandes prejuízos, com impactos ainda maiores em negócios nascentes.

Faça negócios tendo como premissa dispor de um caminho combinado caso seja necessário desfazer. Isso poupará muitas noites de sono, por evitar problemas maiores. Exija também daquelas empresas que você está contratando a assinatura de um contrato.

Com as plataformas de assinatura eletrônica, não há mais motivos para não se assinar um contrato a cada negócio fechado, uma vez que se trouxe agilidade para essa ação, evitando impactar no alongamento do fechamento dos negócios.

Isso vale para a formalização da sociedade. Jamais opte pela opção de deixar combinado verbalmente com seus sócios sobre a participação societária de cada um no negócio ou fazer promessas de sociedade para que se realizem no futuro, sem que esteja documentado e assinado nos moldes do que se aplica no mercado.

Quando envolver investidores, existem diversas opções para se formalizar a sociedade com sócios-investidores. Busque uma assessoria jurídica e documente o investimento com os instrumentos que o mercado conhece e aplica.

Não é difícil encontrar casos em que se fez um combinado sobre a sociedade em nome da amizade, no momento em que se está tudo indo bem, todos empolgados com o negócio que está sendo criado e, na hora de fazer valer, a interpretação não ser a mesma, gerando problemas irreversíveis para a empresa e para os envolvidos.

Crie o seu negócio sobre fundamentos sólidos, embasados no atendimento das determinações legais e nas boas práticas jurídicas. Não queira ser criativo na maneira de contratar os funcionários, na emissão das notas fiscais, na apuração dos impostos ou fazendo acordos apenas verbais ao invés de documentá-los. Assuma que isso é sua obrigação e que o negócio precisa dar certo atendendo ao que determina a lei.

Pode ser mais difícil e, de fato, é. O empreendedor brasileiro lida com uma das maiores cargas tributárias do mundo e, por outro lado, não percebe o retorno dos seus impostos na forma de investimentos em infraestrutura e qualidade de vida do povo, além de ter que conviver com uma cultura de corrupção e falta de ética por parte de muitos homens públicos.

Isso tudo faz com que estejamos inseridos num ambiente de negócios extremamente difícil, com diversos empecilhos, mas que não amedronta bons empreendedores e não impede que pessoas como eu e você estejamos encontrando o caminho para desenvolver nossos negócios, gerar empregos e movimentar a economia. Entretanto, nada disso deve ser motivo para não fazermos as coisas do jeito certo.

Seguimos sonhando com melhores condições para o nosso país e da mesma forma fazendo a nossa parte com o intuito de construir o Brasil do futuro, idealizado por empreendedores de verdade. As oportunidades são muitas e estão em toda parte, inclusive na burocracia e, como costumo dizer, gente boa faz acontecer.

Ninguém deve nada aos normais

A zona de conforto nunca produziu grandes feitos. A vida do empreendedor é recheada de desafios e percalços e acomodar-se é o mesmo que dar um sedativo ao seu instinto de fazer diferente, você adormece o louco que existe dentro de você.

Correr riscos é uma premissa para quem se aventura no mundo dos negócios. Empreender é diferente de abrir uma empresa, empreender é impactar. O empreendedor olha para o futuro, corre riscos, lidera no presente e transforma as coisas no caminho.

Existem dois tipos de riscos: os que você encara e os que você evita. É normal que se olhe para os riscos com o intuito de evitá-los. Porém, praticamente todas as grandes transformações no mundo estavam relacionadas a grandes riscos, protagonizadas por pessoas com coragem. Não correr riscos, por si só, já é um grande risco.

Se tem algo que ficou muito claro para mim durante todo esse tempo tocando os negócios é que os problemas surgem e invadem nossa vida sem pedir licença, pegando desprevenidos até os mais experientes.

Dito isso, por que será que insistimos em ficar levantando suposições e preocupando-nos em demasia com certos riscos? Não quero me apegar a nenhuma estatística nessa questão, mas

A zona de conforto não é o lugar onde as grandes conquistas acontecem.

@TIAGO.VAILATI

arrisco o palpite de que pelo menos 90% dos riscos que calculamos e problemas que julgamos que podem acontecer, não acontecem de fato, ficam somente ocupando a nossa mente e nos enchendo de limitações.

O medo definitivamente paralisa e tira de nós a liberdade de sonhar com coisas grandiosas. O medo nos coloca de novo no universo dos medianos, das pessoas que aceitam o status quo e que não se expõem com receio das críticas.

> *Por isso, sou fã de quem pensa grande e quer fazer coisas fora da curva.*

Um dos grandes empreendedores do nosso tempo foi o paulista João Batista Sérgio Murad, criador do parque multitemático que leva o nome do personagem idealizado por ele, o cowboy Beto Carrero.

Um brasileiro, acima de tudo, um grande sonhador, que criou um dos maiores complexos de lazer e entretenimento do mundo, começando de baixo, com uma estrutura muito simples, com espetáculos realizados debaixo de lonas semelhantes às usadas nos tradicionais circos.

O título deste capítulo é uma homenagem ao próprio Beto Carrero que costumava dizer que:

> *" O mundo não deve nada para as pessoas normais."*

O QUE TE IMPEDE?

Desde que ouvi isso pela primeira vez, passei a adotar como algo de grande inspiração pessoal.

O parque Beto Carrero World foi fundado na cidade de Penha, no litoral catarinense, longe dos grandes centros e até mesmo da capital do estado. Imagine que se hoje a cidade de Penha, com pouco mais de 60 anos de história, ainda é uma pequena cidade, como era quando o parque foi fundado?

Mesmo se ao olhar de muitas pessoas, as condições iniciais não refletiam num dos melhores cenários para se desenvolver um negócio como o parque Beto Carrero World no município de Penha, certamente seu idealizador enxergou diferente.

É muito comum, durante os voos quando estou voltando para Santa Catarina, encontrar famílias vindo ao estado com o intuito de se divertir no parque. As crianças num nível de felicidade e euforia elevado. São milhões de visitantes todos os anos, que movimentam consideravelmente a economia da pequena cidade de Penha e dos entornos.

Esse é o tipo de obra de um empreendedor de verdade, que não tem medo de correr riscos e sonhar grande. Realmente, o mundo não deve nada aos normais. Se foi possível para o Beto Carrero, o que te impede?

O QUE TE IMPEDE?

Não dê muita atenção para o que os outros dizem, existe muita conversa fiada por aí. Veja, eu não afirmei que você não deve dar ouvidos aos outros, muito pelo contrário. A principal habilidade de todo visionário é a audição, mas aplique um bom filtro e dê crédito para quem realmente já fez algo relevante.

Existem vários pontos de vista sobre um mesmo assunto e as pessoas encaram de acordo com a sua visão de mundo. Os sábios são aqueles que já viveram muitas experiências, normalmente refletidas pelos cabelos brancos, são pessoas que podem mostrar as cicatrizes adquiridas no caminho.

Há uma grande diferença entre saber o que precisa ser feito e já ter feito. Suas conquistas virão daquilo que você faz. As pessoas de sucesso foram atrás e fizeram as coisas acontecerem, apesar de todas as dificuldades. O que importa, de fato, é o que você faz. Quem precisa ser protagonista da sua vida é apenas você.

Certa vez ouvi de uma pessoa do meu time, um admirador de música, um ponto de vista sobre a diferença entre saber e fazer, que me marcou. Ele fez uma reflexão que está muito associada, também, ao hábito de criticar, que as pessoas expressam com grande frequência.

O QUE TE IMPEDE?

Vou me manter fiel ao exemplo que ouvi. Quem sabe tocar bateria, ao assistir um show, pode ficar de olho no baterista da banda, comparando a performance do músico com as suas próprias habilidades, e chegar à conclusão de que toca melhor do que ele.

Porém, quem está no palco e quem está na plateia? Aqui está a diferença entre "ser habilidoso" e "fazer acontecer". O que aquele músico enfrentou para estar no palco é o que permitiu que aquele momento acontecesse.

> 📌 *Boa parte do que te limita vem de dentro de você. Portanto, tome cuidado com as crenças limitantes.*

Todos nós somos reflexo do que vivemos e das experiências que vamos acumulando com o passar do tempo. Particularmente, eu tenho duas questões pessoais que tem a ver com estímulos que poderiam ter se tornado grandes limitadores para mim.

A primeira delas tem a ver com os meus primeiros dias de vida. Sou filho de pais com idade avançada, minha mãe tinha 43 anos e meu pai 48 quando eu nasci. A medicina da década de 1980 considerava aquela gestação muito arriscada e muitas opiniões contraditórias foram expressas pelos médicos, até mesmo de não seguir com a gravidez. Meus pais acreditaram que daria certo, por isso estou aqui.

Meus pais sempre foram a minha plateia. Como toda plateia, não foram todas as vezes que fui aplaudido de pé, mas em tudo o que fiz na vida, sempre busquei dar orgulho a eles. Isso é o que, na minha opinião, fez com que desse o meu melhor em tudo que eu me propus a fazer.

A segunda, tem a ver com a habilidade da escrita que desenvolvi ao longo da vida. Quero compartilhar com você uma lembrança da minha infância, que nunca saiu da minha mente. Durante muitas e muitas noites, estava eu sentado na mesa da cozinha fazendo as tarefas de português. Aprender português, para mim, sempre foi desafiador.

Escrever uma redação era o maior dos obstáculos para mim durante meus primeiros anos na escola. Nessa época, meu pai teve um papel fundamental. Sentado comigo, ensinava-me a escrever as redações.

Dedicação, persistência e disciplina e, com o tempo, eu superei aqueles desafios. Nunca fiquei para trás na escola, mas português definitivamente não foi a matéria que mais me atraiu.

Neste momento, escrevendo meu primeiro livro, eu paro e remeto-me àquelas noites, sentado com meu pai, debatendo-me para conseguir fazer uma redação, um simples texto que parecia um desafio invencível. Só que ninguém vence quem não desiste.

Muitos de nós começamos a vencer os primeiros desafios muito cedo. Em certos casos, sem entender direito a complexidade do que estamos enfrentando. Eu sempre gostei de acreditar que as coisas vão dar certo.

Existem desafios que passam despercebidos pelos nossos olhos, certas coisas tornam-se normais e deixamos de dar o devido valor. Compare a rotina de dois profissionais, que fazem a mesma função na mesma empresa.

Um deles, acorda 5 horas da manhã, toma rapidamente seu café, arruma-se e sai para o trabalho. Pega o ônibus para um trajeto de 1 hora e depois parte para o trem, chegando na empresa às 7:45, com uma folga de 15 minutos antes do seu expediente iniciar. Ele vai reencontrar novamente a esposa e os filhos somente no final do dia.

O outro profissional, acorda 7 horas, toma seu café com a família, arruma-se e vai para o trabalho com seu carro, percorrendo 20 minutos até seu destino final.

Os dois cenários descritos devem coincidir com a vida de muitas pessoas com quem eu e você convivemos todos os dias. A jornada de trabalho pode ser a mesma, mas os desafios são diferentes.

Não nos cabe julgar o mérito de nenhum dos dois profissionais, são condições de vida diferentes, que trazem visões de mundo diferentes. O que quero reforçar aqui é o fato de que certas crenças limitantes são fruto da forma como enxergamos o mundo. A gente conhece a nossa verdadeira força quando ser forte é a única opção.

A melhor parte de tudo isso é que nós, seres humanos, somos capazes de criar novas versões de nós mesmos a todo momento. Eu e você somos, hoje, uma versão diferente do que já fomos um ano atrás. A maneira como encaramos o mundo e, principalmente, agimos pode transformar tudo.

Sempre teremos algo a desenvolver e a maneira como encaramos certas limitações é o que nos leva para frente. Todos nós podemos criar novas versões de nós mesmos, mas é preciso muito mais do que apenas querer, é fundamental agir.

Não devemos enxergar limitações ao olhar para o cenário onde estamos inseridos quando queremos tirar nossos sonhos do papel. Quantas pessoas simples criaram negócios grandiosos. Temos muitos exemplos de pessoas de sucesso que começaram nas piores condições e venceram.

O maior sabotador de sonhos mora dentro de nós e, ele ganha força quando deixamos que comentários negativos nos afetem, quando nos comparamos com outras pessoas e nos consideramos inferiores ou quando baixamos a cabeça para as pancadas que a vida nos dá.

Empreender é algo que exige muita resiliência. Certamente, você conhecerá pessoas ao longo do caminho que vão contribuir para o seu progresso, outras não terão essa nobre intenção.

Nunca se esqueça de que o sucesso vem a partir da soma de pequenas conquistas e que vencer dependerá muito da sua ação. Conhecimento é essencial, mas meter o pé e fazer acontecer é o que te conduzirá para as realizações.

Quero encerrar este capítulo, deixando você com uma simples pergunta, que já fiz milhares de vezes para muitas pessoas com quem estive debatendo sobre seus desafios: o que te impede?

O empreendedor olha para o futuro, corre riscos, lidera no presente e transforma as coisas no caminho.

@TIAGO.VAILATI

Todo mundo tem uma história

Cada pessoa tem uma história. Todos nós viemos de algum lugar, passamos por inúmeros desafios e adquirimos experiência a partir dos aprendizados. Ora vencemos, ora fracassamos. Algumas histórias são mais inspiradoras, outras menos, mas todos temos uma história.

Sempre fui fã do Batman, desde criança. Os segredos por trás da figura misteriosa daquele personagem, nascido em uma família rica, que passou a dedicar sua vida para salvar o povo de Gotham City, um herói das sombras guiado por um propósito nobre.

Recentemente, assisti ao filme do Coringa, o vilão das histórias do Batman. O filme é muito bom, conta a história de vida do Coringa, antes de se tornar o vilão, conhecido por ser o principal inimigo do Batman e levar terror ao povo de Gotham City.

Era um cidadão de bem, sofria de doenças mentais, mas levava uma vida normal. Batalhador, ganhava a vida como palhaço e tinha um sonho de se tornar comediante. Foi vítima das indiferenças do mundo e acabou caindo no submundo do crime.

Enquanto assistia ao filme, comecei a refletir a respeito do que há por trás da história de vida das pessoas. Todas as pessoas com quem lidamos no nosso dia a dia têm suas próprias histórias. Quando entendemos a importância disso, passamos a enxergar o mundo de forma diferente, tornamo-nos pessoas mais empáticas.

Mais do que desenvolver um negócio, todo empreendedor impacta muitas vidas e, consequentemente, participa de muitas histórias. Todo empreendedor deveria se preocupar em deixar a sua marca, mudar algo no seu mundo, impactar de fato.

O nome disso é propósito, algo que é notável no perfil dos empreendedores mais admirados mundo afora. Se assim como eu, você quer fazer algo a mais, ser diferente num mundo cheio de empresas "mais do mesmo", tenha um propósito, isso te manterá com a energia alta, mesmo diante dos períodos mais difíceis.

Nos 10 anos da Hiper, e nos muitos que ainda virão pela frente, envolvemo-nos com inúmeras histórias. O modelo comercial da Hiper foi desenvolvido com uma rede de revendedores, batizados por nós de Hiperadores, empresas parceiras da Hiper que fazem a última milha na jornada do nosso cliente, fazendo a implantação e prestando o atendimento aos clientes.

Essa estratégia deu muito certo e gerou muitos frutos. Desenvolvemos uma rede com mais de mil empresas que têm seus negócios ligados de uma forma indireta à Hiper. Nós entregamos o produto, a tecnologia e o suporte, enquanto os Hiperadores ficam com a missão de implantar, treinar e atender os clientes de maneira próxima, hoje em mais de 2 mil cidades do Brasil.

Conheci inúmeras histórias de vida e tenho certeza de que causamos muito impacto, contribuímos para muitas famílias viverem melhor.

Muitos interessados em se tornar Hiperadores chegaram até nós somente com uma ideia de negócio, sem ao menos ter a empresa aberta, mas com o sonho de empreender. Foram alguns casos de Hiperadores que nasceram conosco e chegaram à marca de centenas de clientes em menos de um ano de parceria. Isso os levava à categoria Platina, um marco na trajetória de todo Hiperador.

Foram várias histórias de superação, esforço e vontade de vencer. Desde Hiperadores que precisavam se deslocar de barco para visitar os clientes em regiões mais remotas da região norte, até aqueles que, sem condições de fazer diferente, viajavam de ônibus, atravessando a madrugada, para poder atender clientes em vários lugares do Brasil.

Várias empresas cresceram, outras se mantiveram pequenas e algumas ficaram pelo caminho. Infelizmente, o fracasso também faz parte da vida do empreendedor. Mas a grande maioria foram negócios que deram certo, ajudando a Hiper a dar certo. Muitos empregos gerados, vidas e famílias impactadas.

Mais do que resultados numéricos, crescimento, faturamento e lucro, empreender está ligado a ter um propósito, impactar vidas, mudar certas coisas no mundo, no mundo onde você está inserido e, por fim, ter a certeza de que você está mudando algo para melhor na história de vida das pessoas.

Ser rico ou ser rei?

Ninguém deveria começar um negócio com o único intuito de fazer dinheiro vendendo a empresa no futuro. Não significa que isso seja caminho para o fracasso, mas não é o melhor motivador para se criar uma empresa de sucesso, com alma, propósito que gere impacto verdadeiro na vida das pessoas.

Obviamente quando o tema é vender a empresa, normalmente a discussão é bem polarizada. Já ouvi empreendedores dizendo que não venderiam sua empresa por dinheiro nenhum. Da mesma forma, existem empreendedores com uma certa ansiedade em vender a companhia, como se isso fosse o reflexo do sucesso.

Eu decidi abordar este tema no livro, pois é um tema com poucas referências no Brasil. Vou compartilhar os detalhes sobre o que nos levou a realizar a venda da Hiper e a nossa experiência durante o processo de negociação, venda e pós-venda.

A decisão de vender uma empresa é muito particular. Existem muitos fatores envolvidos em tal tomada de decisão, dos mais racionais aos mais emocionais, fatores financeiros, cenário macroeconômico e os riscos sempre presentes.

Além disso, para que uma empresa seja vendida é porque ela é estratégica o suficiente para mobilizar a outra parte a assinar o cheque. Partindo desse pressuposto, uma empresa é adquirida quando ela for vista com um ativo para a compradora, que agregará valor ao negócio que está incorporando.

Durante sua jornada como empreendedor, uma vez que você esteja criando uma empresa de sucesso, é bem provável que seu negócio se torne alvo de aquisição por outras empresas. É por isso que gosto de reforçar a reflexão que cabe ao empreendedor sobre ser rico ou ser rei.

A venda de uma empresa em boa situação, normalmente, torna os empreendedores e sócios ricos. Por outro lado, deixam de ser controladores do negócio, mesmo que fiquem na operação, deixam de ser detentores do comando, não são mais os reis naquele território.

Trate com naturalidade as abordagens que vier a receber sobre ofertas de aquisição, mas saiba que é mais provável que a maioria dessas interações não evoluam para negociações de fato, pelo simples motivo de não atenderem às expectativas das partes no quesito valor da companhia.

Entre haver o interesse inicial por parte de alguém em comprar sua empresa e a transação de fato acontecer, existe um longo caminho a ser percorrido. Os detalhes eu vou abordar mais à frente.

Nós vendemos a Hiper, com 7 anos de história, para a Linx, empresa líder absoluta no setor de tecnologia para varejo, numa transação bastante expressiva na época.

Durante muitos momentos da nossa jornada, fomos provocados sobre como conseguiríamos competir e vencer a Linx. Mentores, investidores, especialistas enxergavam a liderança da Linx e questionavam sobre como seria possível ganhar espaço no mercado.

Acontece que a Linx se consolidou como líder em tecnologia para varejo, porém era a empresa número um em soluções voltadas para médias e grandes empresas. Na base da pirâmide, com foco nas pequenas empresas, ninguém conseguiu penetrar o suficiente e consolidar o mercado. Foi onde a Hiper focou e tornou-se relevante.

Foi devido ao foco que mantivemos nos pequenos negócios de varejo que conseguimos ganhar presença em todo o Brasil, num segmento onde nem mesmo os grandes *players* que dividem a liderança do mercado de sistemas de gestão para empresas de maior porte conseguiram se desenvolver.

Com isso, a Hiper se tornou uma engrenagem superestratégica no universo da Linx. Quando começamos a conversar sobre uma negociação societária, ficou muito claro o nosso papel dentro do negócio da Linx.

Com a aquisição, a Hiper criou uma nova vertical de negócio dentro do grupo, abrindo uma frente para as micro e pequenas empresas de varejo. Mantivemos a marca, a equipe, a sede e seguimos desenvolvendo o negócio com grande autonomia.

A marca Hiper virou a marca exclusiva para o público de pequeno porte. Percebeu a importância de desenvolver uma marca bem-posicionada para o público?

Na história da Hiper, nós tivemos duas rodadas de investimento antes de realizarmos a saída (ou *exit*, segundo o jargão de mercado que significa a venda da participação societária na companhia).

A nossa primeira rodada de investimento foi em 2014, quando começamos a perceber que estávamos no momento de organizar melhor a máquina de negócio e ganhar tração. Fechamos o investimento com a Ace, uma das aceleradoras de melhor reputação no ecossistema de *startups* no Brasil e América Latina.

Tempos depois, durante o ano de 2016, em meio a todos os contratempos no cenário político e econômico que vivíamos no Brasil, quando estávamos lidando com os reflexos do *impeachment* da ex-presidente Dilma Rousseff, nós fechamos a segunda rodada de investimentos da companhia, onde levantamos R$4 milhões com a Cventures e coinvestimento da M3.

Sempre tivemos uma boa relação com nossos investidores, foram grandes parceiros na jornada.

A partir da segunda rodada, a Hiper tornou-se uma Sociedade Anônima (SA). Com isso, investimos muito em elevar a maturidade de gestão e governança da companhia. Iniciamos um grande projeto de reconfiguração da empresa, pautado em quatro pilares: governança, produto, marca e estratégias comerciais.

Nos anos seguintes, a empresa cresceu muito. Foi nesse período que boa parte dos exemplos citados neste livro aconteceu, como o aprimoramento dos processos de gestão, desenvolvimento do time, o projeto de *branding* e fortalecimento da marca, o *Projeto All-in* que resultou na nova geração do nosso produto, além do desenvolvimento de novos canais de vendas digitais e a ampliação da rede de revendedores em todo o Brasil.

Algo que fez muito sentido e agregou muito valor para a Hiper no momento da venda da companhia foi o fato de deixarmos a gestão sempre em ordem, evitando os já citados esqueletos no armário.

Seguíamos à risca boas práticas de governança, criamos um conselho de administração, gestão orçamentária e implantamos auditorias anuais, garantindo que os aspectos contábeis, legais e tributários estivessem sempre em ordem.

Investir em boas práticas de governança corporativa é fundamental. Além de permitir que você durma noites mais tranquilas, isso faz toda a diferença para negociar novas rodadas de investimento e, claro, quando estiver negociando a venda da companhia.

Dois anos depois, no segundo semestre de 2018, estávamos com o plano de reconfiguração da empresa praticamente concluído e já se estudava quais seriam os próximos passos. Uma nova rodada de captação era o caminho mais indicado, com o intuito de acelerar ainda mais o crescimento e a consolidação da Hiper como referência entre o público de pequenas empresas de varejo.

Naquela época, com uma presença mais forte e um bom posicionamento no nosso mercado, recebemos algumas abordagens de profissionais de fusões e aquisições. Dentre as abordagens, duas delas avançaram para um estágio mais sério, ambos oficializados por um memorando de entendimentos.

Das duas empresas, uma foi negada por nós, pelo motivo de não enxergarmos uma boa conexão em termos de sinergia. Não conseguimos desenhar um dia seguinte em perfeita sintonia com aquele comprador.

A outra empresa foi a Linx, que já era nossa conhecida e, principalmente, conhecíamos as pessoas lá dentro. Por estarmos no mesmo ramo de atuação, porém com enfoque em públicos de porte diferentes, já havíamos conversado em alguns momentos, sem o interesse explícito de aproximação societária.

Havia um respeito mútuo e, principalmente, um alinhamento nos valores das empresas. Por menor que seja a intenção do vendedor em manter-se na execução após a venda, é fator crítico para o sucesso que haja uma relação de respeito.

Mesmo que não se opte por seguir no negócio, aos empreendedores ainda caberá a condução de uma transição planejada, o que exigirá um trabalho em equipe. Quanto mais sinérgica a relação, mais saudável será o período pós-venda.

Começamos a negociar com a Linx em dezembro de 2018 e fechamos negócio no dia 2 de abril de 2019. Foram meses de muita intensidade e grande exigência física e emocional.

O processo de venda de uma empresa, conhecido também como M&A, sigla em inglês para *Mergers and Acquisitions*, compreende algumas fases. Para quem não é muito familiarizado, quero explicar brevemente os principais estágios.

- ✓ **Memorando de entendimentos:** é o documento onde são oficializados os entendimentos preliminares que vão embasar a transação. Nesse ponto, ficam definidos os aspectos financeiros, o valor da companhia, detalhes sobre o pagamento e onde as partes assumem algumas obrigações e compromissos iniciais.
- ✓ **Due Diligence:** é uma espécie de auditoria, onde são realizadas análises aprofundadas sobre a empresa, normalmente envolvendo aspectos contábeis, tributários, trabalhistas, financeiros, jurídicos e, podem avançar sobre avaliações do modelo de negócio, produto e tecnologia.
- ✓ **Contratos finais:** são os contratos definitivos e os respectivos anexos, onde documentam-se todos os aspectos

da compra e venda, refletindo os pontos que foram previamente acordados no memorando de entendimentos. Nessa fase, há muita negociação, discussão de cláusulas e debates para alinhamento dos aspectos da venda e compromissos das partes na fase pós-venda.

✓ **Fechamento:** é a oficialização do negócio, onde acontece a assinatura dos documentos, publicação do fato para o mercado e onde são cumpridos os compromissos relacionados à data do fechamento. Inicia-se então a fase de pós-venda, que é particular em cada caso.

Nós cuidamos muito da fase que se inicia a partir do fechamento da transação, pois no nosso caso havia o interesse em seguir em frente trilhando o sonho grande da Hiper em conjunto com o grupo do qual começamos a fazer parte, a partir de então como sócios, além de executivos. Nós decidimos colocar uma vírgula ao invés de um ponto final na nossa história com a Hiper.

Pensamos muito no nosso time e como lidar de forma transparente com eles. Durante o processo de negociação, é normal que o tema precise avançar em absoluto sigilo. Quando nós havíamos definido a data de fechamento, organizamos uma maneira envolvente de comunicar ao time, para que, assim como nós, todos se enxergassem ainda dentro da construção do sonho grande no dia seguinte.

Com a proximidade do fechamento da transação, anunciamos para o time, durante uma Reunião 360°, que estávamos negociando um movimento societário e explicamos o formato que vinha sendo desenhado, no qual a Hiper passaria a fazer parte de um grupo de empresas, mantendo em sigilo o nome do comprador.

No dia que antecedeu o fechamento do negócio, organizamos uma recepção temática para as nossas pessoas. A empresa transformou-se numa espécie de base de decolagem de uma nave, para uma próxima jornada que estava prestes a começar. De fato, aquele dia marcaria o início de uma nova jornada, uma nova fase da história da Hiper.

Na porta de entrada da empresa, foi fixada uma cortina preta, daquelas usadas em bastidores de um teatro. Instalamos máquinas de fumaça e muitas luzes. Ao atravessar a cortina preta, você se depararia com um adesivo grande no chão, com os dizeres *"Seja bem-vindo a bordo"*.

Na parede do fundo da empresa foi fixada uma faixa de uma lateral à outra com as mensagens *"A próxima jornada começou"* em um lado e *"É só o fim do começo"* no outro. No centro estava posicionada a logo da Hiper e um espaço para fixar a logo do nosso novo parceiro, que seria revelado no dia seguinte.

Quando as pessoas chegavam na empresa, eram pegas de surpresa e inseridas no clima de novidades, entendendo que uma nova jornada estava prestes a começar e, principalmente, que era só o fim do começo de tudo o que estava por vir.

No dia seguinte, eu estava em São Paulo, na sede da Linx, ao lado dos meus grandes parceiros Fischer e Marinho, cofundadores da Hiper, além dos sócios-investidores, para o fechamento do negócio. Foi então que assinamos e publicamos o fato relevan-

O sentimento de que a obra ainda não está pronta é um grande motivador para querer ir mais longe, traçar novas perspectivas e seguir impactando a vida das pessoas.

@TIAGO.VAILATI

te para o mercado, atendendo às determinações do mercado de ações, uma vez que a Linx é uma empresa de capital aberto.

Daquele momento em diante, anunciamos para o time que estava ansioso pelas novidades a quilômetros de distância, na sede da Hiper. Dali em diante, meu telefone não parou de tocar. Partimos para a sede da Hiper em Brusque, aonde chegamos no início da tarde, para um alinhamento geral com o time.

Foi uma experiência ímpar, jamais esquecerei os desafios vividos durante o período de negociação e tudo o que passou pela minha cabeça no dia do fechamento. Muitas coisas haviam acabado de mudar.

Era chegada a hora de fazermos história, fechando mais um ciclo na jornada da Hiper, nas nossas vidas, e consolidando no ecossistema de *startups* um significativo caso de empreendedorismo, que certamente servirá de inspiração para muitos outros empreendedores.

Quanto mais alta a montanha, melhor a vista

Todo empreendedor deve ter o instinto de querer ir mais longe sempre, sem se acomodar nem deixar se abater pelo caminho. Olhe para a sua jornada em fases e, a cada nova fase, recarregue-se para novos desafios e novas oportunidades.

Ao longo da história de uma empresa, vão ser visíveis os momentos que marcam a trajetória, durante toda a construção do negócio. Uma verdade para mim é que toda empresa deveria ser considerada eternamente em construção.

O sentimento de que a obra ainda não está pronta é um grande motivador para querer ir mais longe, traçar novas perspectivas e seguir impactando a vida das pessoas. Mantenha-se sempre sedento por novas possibilidades, à procura de novos horizontes.

Otimismo é algo essencial para quem quer empreender, é combustível para os sonhos. Antes de qualquer pessoa, você precisa ser o primeiro a acreditar que as coisas vão dar certo, ter confiança na história que está escrevendo.

Há alguns anos, escrevi o poema *Sonhador* e guardei até então para publicar num momento de muito significado para mim. Entendo que este livro é o melhor instrumento para divulgá-lo para o mundo.

O sonhador quer voar, o pessimista firma os pés no chão.

O sonhador pensa que vai dar certo, o pessimista busca pelo por que não.

O sonhador inventa moda, o pessimista vive na normalidade.

O sonhador se expõe, o pessimista aponta o dedo.

O sonhador nem sempre vence, o pessimista também não.

Sonhar é querer transformar.

O que te impede?

O sol nasce para todos, sem excluir nem privilegiar ninguém.

Sonhar é o mínimo a se fazer.

Desde pequenos perdemos a ousadia quando conhecemos o mundo real.

Tentar, cair e levantar sem medo de ir para cima.

Pois quanto mais alta a montanha, melhor a vista.

A história se escreve uma linha de cada vez. Como não canso de afirmar, o sucesso é a soma de pequenas vitórias, que acontecem dia após dias, e não deve ser medido na linha de chegada, mas sim durante o percurso.

Não espere por um momento ideal para vibrar pelo que você tem feito. O brilho das conquistas depende muito do ponto de vista de cada pessoa e quão limpo está o filtro através do qual cada um enxerga o seu mundo.

Da mesma forma, jamais permita que abafem o seu sentimento de estar sendo um vencedor. Os maiores vencedores que conheci não estavam estampando capas de revista ou colecionando fãs em meio aos holofotes.

Eles são vencedores na sua intimidade, carregam consigo o respeito e a admiração de pessoas importantes para eles, além das pessoas com as quais conseguiram estabelecer uma relação de impacto e, para as quais, também se tornaram importantes.

Nada te impede, vá para cima, sem pressa nem calma demais, porque quanto mais alta a montanha, melhor a vista.

@TIAGO.VAILATI

Eu tenho total convicção de que ainda não cheguei ao ápice das minhas conquistas. A história da Hiper é, sem dúvida, uma história de sucesso. Começamos o negócio com o mínimo de recursos e condições pouco favoráveis, além do fato de sermos marinheiros de primeira viagem no mundo dos negócios.

Trilhamos uma história muito inspiradora, que ensinou muito a todos os que contribuíram para que ela acontecesse. Conseguimos fechar muitos ciclos, desde a fundação da empresa, os inúmeros altos e baixos, passando pela venda da companhia e, mais recente, pela execução dessa nova jornada pós-venda que tem sido muito positiva em diversos aspectos.

Pode ser que financeiramente a maioria dos meus desafios estejam superados. Mas não devemos medir o valor das nossas realizações pelo viés financeiro. Considero que, quanto mais a vida nos concede coisas boas, mais responsáveis pela vida nós nos tornamos. Eu tenho muitos sonhos para realizar e muitos que ainda virão.

O verdadeiro reflexo de ser considerado bem-sucedido é o tamanho do impacto que você causou a partir das transformações que tenha executado. O anseio por empreender deve ir além da procura de realizações para si próprio. É preciso deixar uma marca, contribuir com um legado para o mundo.

Talvez você não chegue a impactar as mais de 8 bilhões de pessoas que vivem no nosso planeta, mas se o seu impacto acontecer no seu ciclo de convivência, considere-se um vencedor. Enquanto muitos esperam que as conquistas os encontrem, pessoas como eu e você buscamos fazer algo a mais.

O QUE TE IMPEDE?

Falei muito sobre propósito em todo o livro. Falo, pois acredito muito no poder do propósito. Pessoas com propósito são destemidas, não baixam a cabeça diante dos desafios, aguentam firmes as pancadas da vida e, no fim do dia, respiram fundo com o sentimento de realização pelo que estão fazendo.

Em cima de tudo o que vivenciamos em conjunto durante todas as páginas deste livro, espero que eu tenha conseguido tocar no seu coração, deixar a minha marca, a minha contribuição para que a sua jornada, como empreendedor e como líder, seja maior e melhor e ter inspirado você a fazer com que a sua marca também seja deixada.

Para finalizar, lembre-se sempre que tiver dúvidas sobre o caminho a ser seguido: nada te impede, vá para cima, sem pressa nem calma demais, porque quanto mais alta a montanha, melhor a vista.

ÍNDICE

A

abordagem construtiva, 117
aceleradora, 35, 256
Alexandre Souza, 61
All-in, projeto, 183
Amazon, 211
ansiedade, 17
Apple, 26
auditoria, 34, 223, 258
   due diligence, 259
Ayrton Senna, 27

B

base da liderança, 45
Batman, 177
bem-feito x perfeito, 6
Beto Carrero, 243
Beto Carrero World, parque, 244
BlackBerry, 26
break even, 36
Brumadinho, 147–149
Brusque, 2, 120, 186, 263
buzina, 175–176

C

Chief Executive Officer (CEO), 45
   verdadeiro papel do, 155
Cleiton Masche, 36
cliente
   como conquistar o, 29
   entrega de valor, 29
   fidelizar, 37–38
código de cultura, 72–73
   faça o seu melhor, 73
   ser simples e enxuto, 74
comércio, 23, 27, 57, 179
competição por talentos, 130
comportamento, 22, 47, 66, 69, 70–72, 82
conexões, com pessoas, 1
conhecimento, 105–107
conselho de administração, 198–199, 257
contratos finais, 260
Costelinha, 148–149
crise, 57
   características, 57–58

Covid-19, 57
cultura
  a formatação da, 47
  código de, 72–73
    faça o seu melhor, 73
    ser simples e enxuto, 74
  como alicerce, 119
  da empresa
    alinhamento com a, 113, 125
    alinhamento com o código de, 122
  da meta nas empresas, 156
  de gestão, 169
  de resultados, 111, 173
  difusão da, 83–84
  dois limites, 71
  do negócio, 98
  é algo orgânico, 69
  e frufrus, 92
  e o empreendedor, 66
  forte e verdadeira, segredo, 84
  inovação e, 69
Culture Day, 77

D

dashboard, 169–173
David Allen, 202–203
desafio técnico, etapa, 122
Dilma Rousseff, 257
disciplina, 91
dono do produto, 139
due diligence, 259

E

ecossistema empreendedor, 60
efeito "dente de serrote", 17
eficiência financeira, 39
empreendedor
  assessoria contábil, 238
  e a cultura, 66
  e a inércia, 25
  e a intuição, 218–221
  e a procrastinação, 22
  ecossistema, 60
  e propósito, 252
  estimular o protagonismo, 145
  gera empregos, 104
  inseguro sobre o negócio, 19
  não ser mais do mesmo, 24
  saber perder, 233
  saber se posicionar, 22
  saber usar o "não", 22
  ser uma bússola, 154
  ter foco, 22
  tomada de decisões, 21
empreendedorismo, 24, 37, 61, 101, 232, 263
empreender, 15, 37, 65, 249
  x abrir uma empresa, 241
  ter otimismo, 264
  ter um propósito, 253
empresa
  ciclo de vida da, 24
  conjunto de valores de uma, 71
  contratação de pessoa, 98

cultura como alicerce, 119
cultura da
 alinhamento com a, 113, 125
 alinhamento com o código de, 122
 meta, 156
cultura de gestão, 169
diferencial das, 29
encontro periódico, 196–197
gestor e a organização da, 139
mais do mesmo, 23
plano de carreiras, 131
precisam de propósito, 119
processo de integração, 85
processo seletivo, 99
resultados das, 30
startups, 34
valores comuns de, 70–71
engajamento, 80, 99, 156, 167, 176, 184
Erasmo, 148
erros/falhas
 deixa aprendizados, 21
 melhor maneira de cometer menos, 1
espírito de tribo, 74
exit, 256

F

falha, 21, 50–54
família, 8, 12, 29, 94
 aprendizado, 109

faturamento, 7, 30, 51–52, 57, 65, 171, 253
fechamento, 260
feedback
 críticas, ouça, 7
 pessimistas, não dê crédito, 15
foco, 18, 22, 91
 combater a ansiedade, 17
 crescimento sustentável, 36
 saber dizer "não", 18
fracasso, 47, 77, 92, 103, 231, 233
framework de gestão, 192–193
fundo de investimento, 34

G

gelo hierárquico, quebrar, 46
gente boa, 53, 63, 69, 84, 92, 94, 97–117
gestão
 à vista, filosofia, 171
 framework de, 192–194
 orçamentária, 197–198
 sistema de, 6, 10, 147
Getting Things Done, metodologia, 202–203
governança, 34–36, 257
 corporativa, 258
GTD. *Ver* Getting Things Done, metodologia
Guiné Bissau, 148

H

Havan, 9–13

Hiper, vii, 2–3, 6–13, 23–26, 34–37
  de Qualquer Lugar, 94
  entrou no mercado, 27
  nascimento, 15
hiperação, evento, 82
hiperador, 169
Hipers, 85
home office, 55–56, 89–90
humildade, 59, 83, 95, 149, 236

I

impeachment, 257
indivíduos S/A, 140–142
inovação, 94
  e cultura, 69
integração, 57, 82–88
integridade, 107–108
investimento
  de terceiros, 33–34
  financeiro, 34
  fundo de, 33–34
  rodada de, 256–257
  tese de, 36
  venture capital, 35
iPhone, 26
Irene, mãe, ix

J

Jeff Bezos, 211
João Batista Sérgio Murad, 243
justiça, 49

L

legado, 3, 12, 31
legislação
  regulatória, 6, 181
  tributária, 6, 237–238
líder
  + liderado, 199
  bom, 192
  características de um, 48
  de OKR, 161
  função do, 191
  insegurança, 212
  legítimo, 47
  orientado a resultados, 113
liderado, 45, 199
liderança, 44
  base da, 45
  grandes fracassos na, 47
linha d'água, método da, 211–214
Linx, 27, 143, 223, 225, 255
Luciano Hang, 10

M

M&A, 259
marca, 43–63, 252
  pessoal, 43–63
memorando de entendimentos, 258–260
meta, 83, 113–114
  cultura da, 156
  estruture a, 159–160

Índice

método GTD. *Ver* Getting Things Done, metodologia
métrica, 17–18, 39–40, 47–48
métricas de vaidade, 172
Minas Gerais, 147

N
não, saber dizer, 18, 22
negócios
    cultura de cuidar dos resultados, 31
    investimentos no, 31
Nokia, 26

O
OKR, metodologia, 160–162
orgulho, desapegue do, 7

P
pandemia do coronavírus (Covid-19), 54, 89, 93
Pedro, pai, ix
pessoa
    boa, características, 105
    com propósito, 268
    com sangue nos olhos, 108, 190
    com sinergia, 119
    descomprometidas, 132
    em busca de rótulos, 44
    essência das, 70
    essenciais, 44, 140–141
    íntegra, 108–109
    ser transparente com a, 50

planejamento, 131, 139, 156, 161, 163, 179, 183
plano de carreiras, 131
plano de desenvolvimento pessoal, 190
primeiros passos, dê os, 6
processo seletivo, 99, 126
    base de dados de candidatos, 120
    proposta de trabalho, formalização, 130
    seleção dos currículos, 122
procrastinação, 22
produto perfeito, não espere, 7
propósito, 13, 17, 252
    e as empresas, 119
    poder do, 268

R
rede de contatos, 63
relacionamento interpessoal, 48
remuneração, 131, 160
reputação, 43–63
    boa, 45
    positiva, 44
respeito, 45
reunião
    360°, 79–81, 88, 167, 176, 184, 196, 260
    de conselho de administração, 198
    geral, 81, 92, 196–197
    mensal, 197
    semanal, 148

S

Santa Catarina, 61, 120, 232, 244
SEBRAE, 61
ser importante, 45
ser legítimos, 50
simples e enxuto, 74
smart money, 33
sociedade, 132–134
   como escolher o sócio, 137
   missão do sócio, 138
   relação entre sócios, 133
sociedade anônima (SA), 36, 257
sócio, 103
   bons, 103
   como escolher?, 137
   missão do, 138
   relação entre, 133
sonhador, 11, 243
   poema, 264
startup, 34
   startup SC, 61
   startup weekend, 101
sucesso, 13
sustentabilidade financeira, 31

T

Techcrunch Disrupt, 232
teoria das janelas quebradas, 111
tomada de decisões, 21
transparência, 49, 53, 59, 70
tribo, 74–75
   espírito de, 74–75, 82, 95
Turnover, 131

U

unicórnio, empresa, 23

V

varejo, vii, 9, 19–20, 179–180, 255
venture capital, 35
versões de nós mesmos, 248
visões de mundo, 248

Z

zona de conforto, 241

Projetos corporativos e edições personalizadas
dentro da sua estratégia de negócio. Já pensou nisso?

Coordenação de Eventos
Viviane Paiva
viviane@altabooks.com.br

Contato Comercial
vendas.corporativas@altabooks.com.br

A Alta Books tem criado experiências incríveis no meio corporativo. Com a crescente implementação da educação corporativa nas empresas, o livro entra como uma importante fonte de conhecimento. Com atendimento personalizado, conseguimos identificar as principais necessidades, e criar uma seleção de livros que podem ser utilizados de diversas maneiras, como por exemplo, para fortalecer relacionamento com suas equipes/ seus clientes. Você já utilizou o livro para alguma ação estratégica na sua empresa?

Entre em contato com nosso time para entender melhor as possibilidades de personalização e incentivo ao desenvolvimento pessoal e profissional.

PUBLIQUE SEU LIVRO

Publique seu livro com a Alta Books. Para mais informações envie um e-mail para: autoria@altabooks.com.br

/altabooks   /alta-books   /altabooks   /altabooks

CONHEÇA OUTROS LIVROS DA ALTA BOOKS

Todas as imagens são meramente ilustrativas.

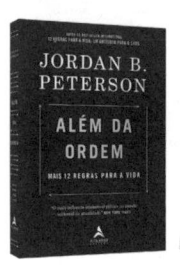

- O Livro da Liberdade
- Culturability
- Conta pra mim, Mãe
- Como Decidir — Annie Duke
- Além da Ordem — Jordan B. Peterson
- Quando as Estrelas se Apagam — Paula McLain
- O Milionário Mora ao Lado
- Investimento em Ações para leigos

ALTA BOOKS EDITORA | ALTA LIFE EDITORIAL | ALTA NOVEL | ALTA/CULT EDITORA | FARIA E SILVA EDITORA | EDITORA ALAÚDE | TORDESILHAS | ALTA GEEK